VANESSA LOCK

LIEBE LENI,
DU BIST EIN WUNDER

VANESSA LOCK

LIEBE LENI,

DU BIST EIN WUNDER

Florian Künstler: Wunder

Gabby Barrett: Growin' Up Raising You

Lewis Capaldi: Love the Hell Out of You

Lauren Daigle: Rescue

Kontra K: Nur für dich

Florian Künstler: Pass auf Dich auf

Christopher: Led Me to You

Florian Künstler: Ich halte Wache

Für meine Tochter Leni, das stärkste Mädchen der Welt.
Für meinen Sohn Leon, den tapfersten Jungen der Welt.
Für meinen Mann Markus, den besten Vater der Welt.
Ich liebe euch mehr als mein Leben.

VORWORT

Meine Tochter Leni hat Epilepsie. Während viele Erkrankte mit Medikamenten gut eingestellt werden können, war das bei Leni nicht möglich, denn die Ursache liegt in ihrem Fall bei Gewebeveränderungen im Gehirn. Das Ausmaß ihrer Anlagestörung war zu Beginn noch niemandem klar, denn selbst ein hochauflösendes MRT zeigt nicht alles. Lenis Zustand verschlechterte sich dramatisch und schmolz zusammen auf eine letzte Hoffnung: ihre rechte Hirnhälfte strukturell abzutrennen.
Lange Zeit wollte ich Lenis Krankheit aus der Öffentlichkeit heraushalten, denn ich wollte sie schützen, sie und uns: Markus, meinen Mann, und Leon, Lenis Bruder. Der Weg, den wir in den Monaten nach ihrer Geburt zurücklegten, bewegte sich zwischen Angst, Warten auf eine Diagnose, Momenten voller Zuversicht und blankem Horror. Alles war fragil: Leni, so winzig, so hilflos, wie sie da lag, mit den Elektroden am Kopf, den Schläuchen und all dem, was danach kam und was mir noch immer schwerfällt, in Worte zu fassen. Und wir, voller Schmerz, unser Baby so leiden zu sehen; gezwungen, Entscheidungen zu treffen, die extreme Folgen für ihr und auch unser weiteres Leben haben sollten. Doch wenn man auf Social Media aktiv ist und ein Stück weit in der Öffentlichkeit steht, häufen sich die Spekulationen, sodass wir uns schließlich dazu entschieden, Lenis Krankheit zu kommunizieren. Die Menschen aus meiner Community waren tief besorgt und nahmen Anteil an ihrem Schicksal. Vieles konnte ich dennoch nicht preisgeben, weil es zu wehtat. Weil Leni phasenweise in ihren Krämpfen gefangen war und ich in meinem Schmerz. Weil es Momente gab, in denen selbst die Ärzte nicht weiterwussten.

Als wir wieder Hoffnung schöpfen konnten, wurde uns klar, wie sehr sich unser Leben verändert hatte. Niemals hätte ich geglaubt, dass ein so winziger Körper in der Lage ist, so viel auszuhalten, wie Leni es tat. Dass ich selbst mich so unsagbar hilflos fühlen könnte. Dass wir als Familie derart zusammenwachsen würden. Und eben davon handelt dieses Buch. Von der Geschichte einer Familie. Vom Loslassen der Idee, wie ein Leben zu sein hat. Von schweren Entscheidungen, dunklen Gedanken, von Stärke und von dem, was mit einem geschieht, wenn man einfach nicht mehr kann, doch Aufgeben keine Option ist. Wenn dein Kind schwer krank wird, fühlt es sich an wie eine Welle, die über dir zusammenbricht. Sie zieht dir den Boden unter den Füßen weg und drückt dich in die Tiefe. Und all das binnen Sekunden, während du realisierst, das Leben ist nicht mehr so, wie es eben noch war. Es bleibt keine Zeit, erst mal alles zu verarbeiten. Von einem Moment auf den anderen bist du gefordert, dich in der neuen Realität zurechtzufinden. Musst schwerwiegende Entscheidungen treffen, deinen Alltag umorganisieren, Wache halten. Du drückst die Angst weg, die Müdigkeit, die Erschöpfung und auch den heftigen seelischen Schmerz, weil du ganz einfach keine Zeit dafür hast. Weil du funktionieren musst.

Was pflegende Eltern Tag für Tag leisten und aushalten, war mir lange nicht bewusst. Zugleich kann ich nur für mich, für uns sprechen. Während ich meine tiefsten Gefühle und Gedanken an Leni in über hundert Briefen niederschrieb, realisierte ich überhaupt erst, was passierte. Als sie schließlich dabei war, sich das Leben zurückzuerobern, wurde mir bewusst: Diese Welle, die uns erfasst hatte, spülte alles fort, was nicht wirklich wichtig ist im Leben. Was übrig bleibt? Liebe. Und Dankbarkeit. Dass Leni so ist, wie sie ist. So stark, so süß, so voller Kraft. Ein Wunder.

INHALT

LIEBE LENI

12. Juni 2023

Glück. Pures Glück, das war, was ich fühlte, als Leni gleich nach ihrer Geburt auf meiner Brust lag. Glück, das aus allen Poren zu dringen schien und eine rosarote Blase um uns zwei und Markus, meinen Mann, schuf. Ich spürte ihre weiche Haut auf meiner, roch ihren süßen Babyduft und war überwältigt von der Liebe, die ich empfand. Gerade mal siebzig Minuten war ich im Kreißsaal gewesen, so schnell war die Geburt verlaufen. Schmerzhaft, ja, extrem sogar, aber diese selbstbestimmte, kraftvolle Entbindung war ein so schönes, intensives Gefühl. Mein Körper war geflutet vom Adrenalin und Unmengen von Glückshormonen.

Leons Geburt vor gut zwei Jahren war das Gegenteil von selbstbestimmt gewesen. Nach vierundzwanzig Stunden am Wehentropf, zugedröhnt mit Schmerzmitteln und völlig erschöpft, bekam ich damals kaum mit, wie er auf die Welt kam und seinen ersten Atemzug nahm. Später, als ich nicht mehr so benebelt war, fühlte ich mich seltsam beraubt. Ich liebte ihn so sehr, wie er da in meinem Arm lag, völlig zufrieden, so klein und süß. Doch statt die Hauptakteurin bei seiner Geburt zu sein, war mir bloß eine Statistinnenrolle zugekommen.
Lenis Geburt war etwas völlig anderes. Vor dem Hintergrund meiner Erfahrungen fühlte sie sich an wie eine Heilung. Und in all das Glück, das Markus und mich umgab, mischte sich tiefe Dankbarkeit. Dank-

barkeit und auch Demut bei dem Gedanken daran, zwei gesunde Kinder zu haben.

Markus blieb den ganzen Tag bei uns. Immer wieder nahm er Leni auf den Arm, die inzwischen in einem weißen Frotteestrampler steckte, dem Standardmodell der Klinik. Ich wischte mir den Schweiß ab, denn es war unsäglich heiß. Dann suchte ich mir eine bequemere Position und konnte es kaum erwarten, Leni wieder auf mir zu spüren.

Als Markus schließlich nach Hause zum Schlafen fuhr, war ich mit meiner kleinen Tochter allein. Während sie auf mir lag, überschwemmten mich die Gefühle, und ich begann zu schreiben. Nach Leons Geburt hatte ich jeden Tag ein Foto gemacht und zum Ende des Jahres ein Buch für ihn zusammengestellt. Bei Leni hatte ich eine andere Idee. Ich wollte ihr Briefe schreiben. Zu Meilensteinen, zu ganz besonderen Momenten – so wie dies einer war …

liebe leni,

ich habe mir immer eine Tochter gewünscht. Kleine blonde Zöpfe, ein süßes Kleid und ein zuckersüßes Lachen, während du ein Eis isst. Das Gefühl, als du mir heute Nachmittag auf die Brust gelegt wurdest, war übermächtig und unglaublich. Genau so, wie es immer alle beschreiben. Wie richtig doll verliebt sein mit Schmetterlingen im Bauch und Achterbahn fahren, während die Glückshormone nur so durch den Körper jagen. Deine kleinen warmen Hände auf meiner Brust und deine Nase direkt an meiner ist das Schönste, was ich jemals fühlen durfte. Mein ganzer

Körper wird mit Wärme geflutet, sobald ich dich anschaue und deinen süßen Geruch einatme. So fühlt sich das also an: wahre Liebe auf den ersten Blick. Deine langen dunklen Haare erinnern mich so sehr an mich selbst, als ich ein Baby war. Während du seelenruhig auf mir schläfst, platzt mein Herz – vor Stolz, Dankbarkeit und vor allem vor Liebe. Du bist das schönste Mädchen, das ich jemals gesehen habe, und ich kann es gar nicht abwarten, dich und deinen Bruder zusammen aufwachsen zu sehen. Hand in Hand durch den Sand in Holland am Meer.

Ich freue mich auf unser Leben, auf alles, was kommt. Auf uns als Familie und viele wunderschöne Momente. Und ich verspreche dir: Ich werde dich immer beschützen vor allem, was kommt, und werde dich lieben, solange ich da bin.

Deine Mama

Damals ahnte ich nicht, was auf uns zukam. Ich ahnte nicht, dass unsere rosarote Blase in wenigen Tagen zerplatzen würde. Die Realität wartete längst am Horizont wie eine riesige Welle, die sich immer weiter auftürmte und uns zu überwältigen drohte.

♡ ♡ ♡

TEIL I

Angst

KAPITEL 1

FÜNF TAGE UND ZWANZIG STUNDEN

Leni war nach Leon unser absolutes Wunschkind. Markus war gerade mal zwei Jahre jünger als sein Bruder, die beiden hatten als Kinder jede Menge Unfug zusammen gemacht und standen sich immer schon sehr nahe. Mir ging es mit meinem Bruder ganz ähnlich. Meine Mutter musste viel arbeiten, und so war unser Verhältnis in der Kindheit sehr eng. Als er klein war, zweckentfremdete ich ihn gemeinsam mit meinen Freundinnen als Puppe. Später hüpften wir auf dem Trampolin herum, malten mit Straßenkreide, und als meine Eltern ein Haus bauten, waren die Baustelle und der Garten unser Abenteuerspielplatz. Für Markus und mich war immer klar, dass wir uns zwei Kinder wünschten. Spielgefährten, die durch dick und dünn gingen, die sich auch mal rauften, doch immer zusammenhielten. Die auch dann noch füreinander da sein würden, wenn es uns mal nicht mehr gäbe.

Während der Schwangerschaft mit Leni war ich mir hundertprozentig sicher, dass es wieder ein Junge würde, und Markus auch. In der zehnten Woche hatten wir vorsorglich einen nichtinvasiven Pränatal-Test (NIPT) gemacht, um mögliche genetische Fehlbildungen festzustellen. Ein Nebenergebnis des Tests war das Geschlecht unseres Babys. Ich weiß noch, wie Markus eines Morgens die Post aus dem Briefkasten holte und sie öffnete, während er zurück an den Esstisch kam. Im nächsten Moment landete ein Schreiben direkt vor meiner Nase.

„Geschlecht weiblich", sagte Markus.

„Wie – Geschlecht weiblich?", fragte ich.

„Wir bekommen ein Mädchen."

„Was? Und du hast den Brief ohne mich aufgemacht?"

Bevor ich zickig werden konnte, drang der Inhalt seiner Worte zu mir durch. Ein Mädchen?! Insgeheim hatten wir beide uns gewünscht, dass Leon eine Schwester bekäme. Ein Mädchen … Ich konnte es kaum glauben. Ich selbst in klein – ähnlich und doch völlig verschieden. Da ich selbst ein sehr enges Verhältnis zu meiner Mutter habe, berührte mich der Gedanke, eine Tochter zu bekommen, tief in meinem Innern. Ich malte mir aus, wie es wäre, ihre Vertraute zu sein, die erste Ansprechperson, ein Leben lang, so wie meine Mutter es für mich ist. Und ein paar rosa Schleifchen und süße Klamotten waren schließlich auch nicht verkehrt. Vor allem aber war ich glücklich, beides erleben zu dürfen: Jungs- und Mädchenmama zu sein. Wenn es denn wirklich ein Mädchen würde. Denn so richtig überzeugt waren Markus und ich von dem Ergebnis des Tests nicht.

Die Schwangerschaft selbst hatte ich schon bei Leon so geliebt. Damals fühlte ich mich zum allerersten Mal völlig im Einklang mit meinem Körper. Er machte es mir leicht, verschonte mich mit Übelkeit, mit Wassereinlagerungen und all den lästigen Symptomen. Ein bisschen Sodbrennen, das war alles. Ich liebte den runder werdenden Bauch, das Gefühl, dass ein Kind in mir heranwuchs. Es gibt so viele Arten, die eigene Weiblichkeit zu entdecken, unabhängig davon, ob man Kinder hat oder nicht. Keine Art ist besser, und keine hat mehr Wert als die andere. Für mich war es wichtig, meinen ganz eigenen

Weg zu finden, und das geschah durch das Schwangersein. Mir war sehr wohl bewusst, wie glücklich ich mich schätzen durfte, das ein zweites Mal erleben zu können.

Leon war in meinem Bauch ziemlich aktiv gewesen. Herumturnen, kräftig kicken, strampeln, vorzugsweise in der Nacht, das ganze Programm. Leni hingegen war ein ruhiges Baby. Manchmal spürte ich, wie sie Schluckauf hatte, er fühlte sich ganz anders an als bei Leon, irgendwie rhythmischer. Danach schlief sie meist lange. Phasenweise war sie so still, dass ich mir Gedanken machte. Ich nahm alle Ultraschalltermine wahr und ging vorsichtshalber im dritten Trimester zur pränatalen Diagnostik, in der das Herz und das Gehirn gescannt wurden. Alles war vollkommen unauffällig. Und so fieberte ich dem Tag der Geburt entgegen, an dem wir endlich zu viert wären.

♡ ♡ ♡

Leni ließ sich Zeit, doch als die Wehen schließlich einsetzten, ging alles ganz schnell. Zwei Tage nach ihrer Geburt wurden wir aus der Klinik entlassen. Wir legten Leni in ihr kleines Nest auf der Couch – und dann holte Markus Leon ab, der bei seinen Großeltern gewesen war. Leon, den ich in den vergangenen Tagen so vermisst hatte! Wir zeigten ihm seine Schwester, legten sie ihm vorsichtig in den Arm. Mit großen Augen sah er sie an.

„Jetzt ist genug“, sagte er wenig später. „Wo ist denn mein Geschenk?“ Wir mussten lachen. Markus nahm ihm Leni ab, und wir zeigten ihm das kleine Päckchen, das auf ihn wartete. Vor Lenis Geburt hatten wir Leon erzählt, dass seine Schwester ihm etwas mitbringen würde, wenn sie zu uns nach Hause käme. Das Auto war in seinen Augen um einiges spannender als dieses winzige Wesen, das nun wieder friedlich in seinem Nestchen lag und leise Babygeräusche im Schlaf machte.

Mir ging das Herz auf. Ein Kind zu haben bedeutet auch, immer wieder diese skurrilen Momente geschenkt zu bekommen. Hundertprozentige Ehrlichkeit, von der man sich wünscht, dass die Kinder sie immer bewahren dürfen.

Markus und ich hatten uns ein paar Tage freigenommen und ließen unser Leben einfach so laufen. Ich spielte mit Leon in seiner Kinderküche, die zu der Zeit das Nonplusultra für ihn war. Mit höchster Konzentration belegte er die Holzpizza mit Schokolade und Oliven und ging ganz im Kochen auf. Markus kuschelte mit Leni, und später tauschten wir die Rollen. Wenn wir aßen, dann legte ich Leni in ihren Babystuhl am Tisch, sodass sie immer dabei war. Diese Zeit zu viert fühlte sich so natürlich an, so einfach. Zugleich hatte ich ziemlichen Respekt vor dem, was mich erwartete, wenn Markus arbeitete und ich zwei kleinen Kindern mit komplett unterschiedlichen Bedürfnissen allein gerecht werden müsste. Noch hatte Leni keinen Tag-Nacht-Rhythmus, ich wusste nicht, wie sie schlafen würde, ob sie oft Bauchschmerzen haben würde und wie viel Körperkontakt sie brauchte. Vielleicht würde ich sie ja die nächsten zehn Monate pausenlos in der Trage mit mir herumschleppen. Meine größte Angst aber war, nicht schlafen zu können. Schlafmangel war und ist mein absoluter Endgegner.

Doch wir würden es schaffen. Leni würde sich einfügen in unsere kleine Gemeinschaft, dachte ich. Die typische Zweitgeborene eben. Sie profitierte aber auch davon, dass sie nicht mein erstes Kind war. Ich war deutlich entspannter. Was hatte ich bei Leon Angst gehabt, etwas falsch zu machen. In den Jahren vor seiner Geburt war ich völlig vogelfrei gewesen, hatte ein unabhängiges, emanzipiertes Leben geführt. Markus und ich vertrauten einander zu hundert Prozent, und so war es nie ein Problem, wenn ich montags beschloss, mittwochs nach Griechenland zu fahren, um im Tierschutz zu arbeiten, und in der Woche darauf mit einer engen Freundin nach Australien verschwand, um mal eben die Ostküste zu erkunden. Mit Kind war das nicht möglich, nicht, wenn ich die Mama sein würde, die ich sein wollte. Hinzu kam meine Unsicherheit gegenüber einem Baby. Hundert verletzte Tiere hatte ich auf dem Arm gehalten, hatte instinktiv gewusst, wie ich sie anfassen musste. Bei Leon aber, der so klein war, fühlte ich mich anfangs überfordert. All die Handgriffe, das Halten, das Tragen, das Wickeln, das Anziehen, die winzigen Hände durch ein Ärmelloch zwängen ... Hatte er es warm genug, oder schwitzte er? Hatte er Durst? Hunger? Würde er mir das überhaupt signalisieren, oder musste ich es auf mystische Weise erspüren? Nie in meinem Leben war ich derart unsicher gewesen wie bei meinem ersten Kind.

Leon war wider Erwarten völlig unkompliziert. Zum Glück! Ich wollte nicht, dass er weinen musste, weil er sich allein fühlte, dass er schreien musste, um sein Fläschchen zu bekommen. Ich liebte ihn so, und ich wollte einfach nur, dass er glücklich und zufrieden war. Mit den Wochen und Monaten wuchs ich in meine Rolle als Mutter hinein. Ich begriff, dass zwar mein altes Leben mit seinen Abenteuern, seiner Spontaneität fürs Erste vorbei war, dass ich dafür aber ein neues Leben führen durfte, das mich um vieles glücklicher machte.

♡ ♡ ♡

In der ersten Nacht schlief Leon auf der einen Seite und Leni auf der anderen in unserem breiten Bett. Ich fühlte mich wie der Belag eines

Sandwichs, und es war ein unsagbar schönes Gefühl. Das also war jetzt unser Leben ... Ich war noch so voller Hormone, und in manchen Momenten barst ich vor Glück.
Freitag stand die U2-Untersuchung an, ein Check-up. Leni ließ alles ganz entspannt über sich ergehen.
„Herzlichen Glückwunsch, Sie haben ein kerngesundes Kind", sagte die Kinderärztin.
Markus und ich sahen uns an. Uns war bewusst, dass das alles andere als selbstverständlich war. Wir waren beide schon früh mit Krankheit in Berührung gekommen. Uns war auch bewusst, dass wir Privilegien hatten: Als Selbstständige konnten wir uns unsere Zeit relativ frei einteilen und überwiegend von zu Hause aus unserer Arbeit nachgehen, einer Arbeit, die uns jede Menge Spaß machte. Unsere Kinder hatten beide Großelternpaare, die sie liebten. Wir hatten einen großen Freundeskreis mit kleinen Kindern. Und was unser Leben anging, hatten wir genug Platz, standen kurz vor dem Hausbau. Vor allem aber hatten wir uns. Und in diesen ersten Tagen erlaubten wir uns einfach, das zu genießen.

Am Samstag stand Leons erstes Kindergarten-Sommerfest an, auf das er sich schon so gefreut hatte. Leni trank und schlief gut, ich fühlte mich ziemlich fit, und so beschlossen wir, dort vorbeizuschauen. Noch immer war es ziemlich heiß. Wir legten Leni in den Kinderwagen, bedeckten sie nur mit einem leichten Musselintuch, damit sie nicht schwitzte, und machten uns auf den Weg zu Leons Fest. Mit ihren fünf Tagen war Leni bei Weitem die jüngste Besucherin, und wir nutzten die Gelegenheit, ihr für später einen Platz zu sichern.
Ich freute mich auf die Zeit, die vor uns lag. Die Stunden, die ich mit Leni allein verbringen würde. Die Nachmittage, in denen wir zwei

Mädels Leon abholen würden. Die Abende, an denen ich Zeit nur mit Leon hätte, für unsere kleinen, lieb gewonnenen Rituale. Urlaube am Meer, Muscheln sammeln am Strand. *Ein paar gestohlene Stunden für Markus und mich allein … Jahre voller Unbeschwertheit*, dachte ich, während uns in Wahrheit längst die Zeit davonrannte und auf einen einzigen letzten Tag zusammenschmolz.

Am nächsten Morgen machte ich eine Story für Instagram. Ich war frisch geduscht, hatte die Haare gewaschen und zu einem Dutt gebunden. Über die Wochenbett-Unterhose zog ich ein hellblaues Kleid mit eingearbeiteten Shorts. Mein Blick ging zu Markus. Er saß mit Leon auf dem Wohnzimmerteppich, die beiden spielten mit Leons heiligen Autos, Leni lag im Babystuhl daneben. Es war ein ganz normaler Sonntagmorgen. Später wollten wir zu meinen Schwiegereltern fahren, damit sie ihr jüngstes Enkelkind auf den Arm nehmen konnten.

Am Horizont hatte sich die Welle längst bedrohlich aufgetürmt. Völlig ahnungslos lächelte ich in die Handykamera und machte meine Story.

Dann brach die Welle über uns zusammen.

KAPITEL 2

IM SCHOCK

„Vanessa, komm schnell! Mit Leni stimmt was nicht!"
Panik drang durch Markus' Worte.
Alarmiert rannte ich aus dem Bad ins Wohnzimmer. Markus beugte sich über Leni, sie lag in ihrem Babystuhl. Da sah ich es: Ihre linke Hand zuckte rhythmisch, während ihr Kopf sich ruckartig nach links bewegte.
In mir zog sich alles zusammen. Das war ein Krampfanfall! Die Angst griff nach mir, ließ mich zittern. Mit aller Macht drängte ich sie fort, und ein rationaler Teil von mir übernahm.
Hastig vergewisserte ich mich, dass Leni eigenständig atmen konnte. Dann drückte ich aufs Handy und filmte sie für ein paar Sekunden. Immer wieder hatte ich gehört, dass man Anfälle aufnehmen sollte.
„Nimm sie hoch und pass auf, dass sie atmen kann", sagte ich zu Markus und rief die 112.
„Meine sechs Tage alte Tochter hat einen Krampfanfall", sagte ich ins Telefon. „Wir brauchen einen Notarzt!" Ich schilderte dem Notsanitäter, was ich beobachtet hatte, und nannte ihm unsere Adresse.
„Ich schicke Ihnen sofort einen Arzt und einen Rettungswagen", sagte er. Zur Sicherheit nannte ich ihm noch einmal Lenis Geburtsdatum, denn ich hatte Angst, dass der Rettungswagen nicht für ein derart kleines Baby eingerichtet sein könnte. Was, wenn sie doch beatmet werden müsste?

In Markus' Armen hatte Leni inzwischen aufgehört zu krampfen. „Gib ihr ein Fläschchen, damit wir sehen, ob alles in Ordnung ist und sie sich beruhigt", bat ich ihn.
Kurz hielt ich inne und überlegte fieberhaft, was als Nächstes zu tun war. Leon! Ich setzte ihn auf die Couch und sagte ihm, dass er dort sitzen bleiben und warten solle. Er umklammerte mit großen Augen die Becherlupe, mit der er eben noch gespielt hatte, und machte keinen Mucks. Im nächsten Moment fing ich die Katzen ein, damit sie nicht weglaufen konnten, wenn hier gleich ein Sanitäter-Team durchstapfte. Dann war ich wieder bei Leni. Sie nuckelte gerade am Fläschchen, trank ein paar Schlucke und schlief ein.
Dieses rhythmische Zucken hatte ich schon öfter gesehen, vor Jahren, bei meinen Praktika in der Psychiatrie sowie in den Heimen und Werkstätten für Menschen mit Behinderung ... War das Epilepsie? Ich wollte weinen, Leni nehmen, mich mit ihr auf der Couch zusammenrollen. Doch ich musste stark bleiben, also riss ich mich zusammen.

Siebzehn Minuten nach meinem Anruf kam der Rettungswagen. Als ich die Notärztin sah, realisierte ich, dass sie schon einmal bei uns gewesen war, als Leon hingefallen war. So ein Zufall! In diesem Moment war das für mich wie ein Zeichen: *Alles wird gut*, dachte ich und atmete auf. *Sie hat damals Leon geholfen, und jetzt wird sie Leni helfen, und dann ist alles wieder in Ordnung.*
Markus beschrieb ihr ausführlich, wie der Anfall begonnen hatte, und wir zeigten ihr das Video.
„Wir fahren jetzt ins Krankenhaus, dort wird man sie genau untersuchen", erklärte sie uns.
Mir blieb gerade noch Zeit, Milchpulver, Fläschchen und ein paar Windeln zusammenzupacken. Markus legte Leni behutsam in den

Autositz, ich schnappte ihn mir und verschwand mit Leni im Innern des Krankenwagens.

Als der Sanitäter die Tür zuwarf, fing ich trotz der Hitze an zu frieren. Jetzt griff der Schock doch noch nach mir.

Erste-Hilfe-Maßnahmen bei epileptischen Anfällen

- Bewahre Ruhe und bleibe bei deinem Kind.
- Achte darauf, dass es sich nicht im Anfall verletzt, und räume gefährliche Gegenstände zur Seite.
- Wenn möglich, lege dein Kind seitlich und beobachte genau, was passiert.
- Am besten, du machst ein Handyvideo (damit du später genauer berichten kannst).
- Schau auf die Uhr, damit du die Dauer einschätzen kannst.
- Lege ein Kissen oder eine Decke unter den Kopf, aber halte dein Kind nicht fest. Das unterbricht den Anfall nicht.
- Versuche nicht, etwas in den Mund zu schieben (damit verhinderst du nichts, machst aber im schlimmsten Falle etwas kaputt).
- Im Anfall und nach dem Anfall reagieren viele Kinder nicht oder nur vermindert. Du kannst dies prüfen, indem du dein Kind ansprichst oder berührst. Du musst nichts unternehmen, um es wacher zu machen (z. B. kein kaltes Wasser ins Gesicht).

- Nach dem Anfall kann dein Kind sehr schlapp sein. Lege es in die stabile Seitenlage, damit alles gut aus dem Mund fließt, falls es erbrechen sollte.
- Gib deinem Kind nichts zu essen oder zu trinken, bis es wieder ganz klar ist.
- Wenn dein Kind einen großen Anfall hatte, bleibe danach für die nächste Stunde bei ihm.
- RUFE den Rettungsdienst 112
  - ✓ wenn dein Kind zum ersten Mal einen Anfall hat
  - ✓ wenn der Anfall länger als fünf Minuten dauert
  - ✓ wenn mehrere Anfälle hintereinander kommen
  - ✓ wenn du Sorge hast, dass dein Kind nach dem Anfall nicht richtig atmet.

♡ ♡ ♡

Der Rettungswagen hielt direkt vor der Notfallambulanz der Kinderklinik. Als ich mit Leni ausstieg, schlug mir Hitze entgegen. Erneut kletterte das Thermometer bis fast zur Vierzig-Grad Marke. Markus hatte überlegt, ob die extreme Temperatur einfach zu viel für Leni war. Vielleicht hatte sie deshalb gekrampft? Andererseits ... würde es dann nicht viel mehr Babys ganz ähnlich ergehen?
Ich beeilte mich, ins Innere der Klinik zu gelangen. Die Notärztin meldete uns an und sprach von fokal tonisch-klonischem Krampfgeschehen. Ich wusste zu diesem Zeitpunkt nicht mal, was das genau bedeutete. Dann verabschiedete sie sich, wünschte uns alles Gute und verschwand zu ihrem nächsten Einsatz.

Epileptische Anfälle

Ein tonisch-klonischer Krampfanfall besteht aus zwei Phasen: Zu Beginn spannen sich die Muskeln an, der Körper versteift sich (wird tonisch). Im Anschluss daran entspannt und verspannt sich die Muskulatur im Wechsel, es kommt zu krampfartigen Zuckungen (klonisch).
Der Zusatz „fokal" deutet darauf hin, dass es einen Herd im Gehirn gibt, von dem der Anfall ausgeht.

Epileptische Anfälle sind Ausdruck einer gestörten, gesteigerten Entladungsaktivität von Nervenzellen im Gehirn. Dies kann ein einmaliges Ereignis sein oder durch eine akute Erkrankung ausgelöst sein. Wenn im Gehirn generell die Veranlagung besteht, dass epileptische Anfälle auftreten, besteht die Diagnose Epilepsie. Man stellt sie in der Regel, wenn zwei epileptische Anfälle (ohne andere auslösende Gesundheitsstörung) aufgetreten sind. Die häufigsten epileptischen Anfälle im Kindesalter sind die sogenannten Fieberkrämpfe. Nur wenige Kinder mit Fieberkrämpfen bekommen später eine Epilepsie.

Leni und ich wurden in ein Behandlungszimmer geführt und gebeten, kurz zu warten. Der Geruch nach Desinfektionsmitteln und Krankheit schlug mir entgegen, und für einen Moment war es, als zöge sich ein Riss durch mein Leben. Da draußen war das Glück, und hier drinnen waren Leni und ich. Mein Magen zog sich zusammen, plötzlich

bekam ich Angst um sie. Ich nahm sie aus ihrem Autositz, schmiegte sie an mich. Sie war es, um die es hier ging. Sie brauchte mich.
Kurz darauf kam der diensthabende Kinderarzt in Begleitung der Intensivschwester in den Raum. Wieder schilderte ich, was geschehen war, wieder zeigte ich das Video. Inzwischen war ich heilfroh, dass ich geistesgegenwärtig reagiert hatte. Dank des Videos und der Einschätzung der Notärztin wurden wir definitiv ernst genommen. Theoretisch hätten Lenis ruckartige Bewegungen völlig harmlos können: ein Greifreflex, eine lebhafte Bewegung im Traum, eine Reaktion auf Bauchschmerzen, auf Blähungen. Nur, dass es anders ausgesehen hatte, rhythmisch eben. Ich musste daran denken, dass Leni zwei Tage zuvor, nach ihrer Untersuchung bei der Kinderärztin, auch gezuckt hatte, aber nur kurz und ohne diese ruckartige Bewegung ihres Kopfes. Markus und ich hatten gedacht, sie träume. Ich erzählte es dem Arzt. Er beruhigte mich und erklärte mir, er würde sie als Erstes untersuchen und Blut abnehmen, um die Entzündungswerte zu kontrollieren, ein großes Blutbild zu erstellen und mögliche Stoffwechselerkrankungen abzuklären. Dann wüssten wir mehr. Außerdem stünde ein Ultraschall des Kopfes an, um sicherzugehen, dass nichts übersehen wurde.
Als ich Leni auf die Behandlungsliege legte und für die Untersuchung auszog, wurde sie wach. Im nächsten Moment schaltete der Arzt eine furchtbar grelle Untersuchungslampe direkt über ihr an. Sie verzog das Gesicht und begann zu weinen. Nachdem er sie untersucht hatte, suchte er nach einer Vene. Mit angestrengter Miene tastete er die Ärmchen ab – und stach prompt daneben. Jetzt fing Leni an zu schreien und konnte sich gar nicht mehr beruhigen. Ihr Schrei drang mir bis ins Herz. Mir traten Tränen in die Augen, am liebsten hätte ich sie genommen und wäre aus der Klinik gelaufen.

Doch in der nächsten Sekunde änderte sich alles. Es fühlte es sich an, als hätte ich einen Faustschlag in den Magen bekommen. Denn Leni krampfte erneut, und diesmal heftig.
Ich konnte die Tränen nicht länger zurückhalten. Durch den Schleier in meinen Augen sah ich den Blick des Arztes, den der Schwester. So ernst, so wissend.
Das war keine einmalige Sache gewesen. Leni war krank!
„Ich veranlasse eine Lumbalpunktion", sagte der Arzt und tätigte einen Anruf. Ich schluckte. Leni sollte das Rückenmark punktiert werden? Sie tat mir unendlich leid.
In diesem Moment war mir klar, dass wir in die Klinik aufgenommen werden mussten. Eilig schrieb ich Markus:

Vanessa

Leni hat wieder gekrampft. Wir müssen bleiben. Brauche gleich alles gepackt für zwei Tage, denke ich. Ich war noch nie so fertig 😭!

Markus war bestürzt. Seine Eltern hatten sich bereits auf den Weg gemacht, um Leon abzuholen, damit Markus bei Leni und mir sein konnte.
Leon. Ich sah ihn vor mir, wie er mit geweiteten Augen da saß, die Becherlupe in den Händen. Er hatte sie so fest umklammert, als wäre sie sein Anker. Ich machte mir solche Vorwürfe. Markus und ich hatten uns völlig auf Leni konzentriert und innerlich gar keinen Raum für ihn gehabt. Bestimmt hatte er Angst gehabt. Ich fing wieder an zu weinen, es war alles zu viel.

♡ ♡ ♡

Während wir noch auf die ersten Laborergebnisse warteten, begann der Arzt mit der Anamnese. Tausend Fragen stürzten auf mich ein. War die Schwangerschaft komplikationslos verlaufen? Hatte es sich um einen Kaiserschnitt oder eine natürliche Geburt gehandelt? Hatte ich Medikamente genommen, Alkohol getrunken, geraucht, Drogen konsumiert …? Diese Fragen weckten kurzzeitig meine Wut. Selbstverständlich hatte ich all das nicht getan. Ich hatte akribisch auf meine Gesundheit und meine Ernährung geachtet. Aber ich verstand, dass all das abgeklärt werden musste. Schließlich hatte ich selbst einige Schwangere gesehen, eine Zigarette in der Hand oder ein Sektglas, als hätten sie die Gesundheit ihres Kindes für sich gepachtet. Es fühlte sich alles so verdammt ungerecht an.
Ich konzentrierte mich wieder auf die Fragen des Arztes, mit dem mich eines verband: die Suche nach der Ursache für Lenis Krämpfe. Nein, sie war nicht auf den Kopf gefallen, nicht gestürzt, hatte sich nicht verletzt. Nein, Leon war gesund, auch Markus und ich, keiner von uns dreien hatte je epileptische Anfälle gehabt. Auch in unseren Familien gab es keine Epilepsiegeschichte.
Irgendwann endete der Fragenmarathon, und ich wartete auf die weiteren Untersuchungen. Leni lag auf meiner Brust und schlief. Ich hätte ihr am liebsten ins Ohr geflüstert, dass alles wieder gut werden würde, dass wir bald nach Hause durften. Doch ich wusste ja selbst nicht, was hier passierte. Es fühlte sich an, als hätte das Schicksal einfach Lust gehabt, zuzuschlagen, und Leni getroffen. Aber warum? Sie hatte doch niemandem etwas getan! Warum ausgerechnet Leni? Warum wir? Der Gedanke zerrte an mir. Was heulte ich denn hier rum … Nicht ich war krank, sondern sie.
Als Mutter will man sein Kind beschützen, um jeden Preis. Dass ich nicht dazu in der Lage war, zog mir den Boden unter den Füßen weg.

Ich versuchte, mich zu konzentrieren, suchte in Gedanken nach möglichen Ursachen und schrieb sie ungefiltert in den Chat mit Markus.
Wärme.
Anpassungsschwierigkeiten.
Laktose-Unverträglichkeit.
Diabetes.
Regulierungsschwierigkeiten.
Und warum hatte sie in den Tagen vor der Geburt so oft Schluckauf in meinem Bauch gehabt?

♡ ♡ ♡

Markus schrieb mir, dass er unterwegs war. Ich war so froh, ihn bald hier an unserer Seite zu haben.
Dann krampfte Leni erneut, diesmal heftig. Ich rief sofort nach der Ärztin. Sie beruhigte mich und erklärte mir, dass die Untersuchung der Rückenmarksflüssigkeit zeigen würde, ob Leni womöglich an einer Neugeborenen-Meningitis oder einer ähnlichen entzündlichen Erkrankung des Gehirns litt.
Meningitis? Erkrankung des Gehirns? Es fühlte sich an wie ein Albtraum, aus dem ich einfach nicht aufwachen konnte.
Kurzfristig wurde ein Slot für die Punktion des Rückenmarks frei. Ich folgte der Schwester nach oben. Markus war bereits im Krankenhaus, er suchte uns und stieß vor dem Behandlungsraum zu uns. In seinen Augen las ich all den Schmerz, der sich in den vergangenen Stunden aufgestaut hatte. Wenigstens waren wir jetzt zusammen hier.
Ich legte Leni auf die Liege, zog sie auf Bitte der Schwester komplett aus. Dann wurden wir hinausgeschickt. Es tat so weh, unser Baby allein zu lassen. Sechs Tage zuvor hatte ich alles in Kauf genommen,

um eine PDA zu vermeiden, nachdem bei Leons Geburt dieser Eingriff dreimal danebengegangen war. Und jetzt lag Leni da drin und wurde ins Rückenmark gestochen.
Markus und ich hielten uns aneinander fest. All das, was wir unseren Kindern bieten wollten – ein Nest, Geborgenheit, Sicherheit, Schutz –, drohte von uns fortzudriften. Es fühlte sich an, als hätten wir nichts mehr zum Festhalten außer uns.

Als wir wieder zu Leni durften, trug sie einen Verband um den Kopf und war noch leicht sediert. Weil ihre Venen an den Ärmchen viel zu dünn waren, hatte der Arzt einen Zugang an der Kopfvene gelegt, um ihr Medikamente verabreichen zu können. Der Verband schützte den Zugang davor, zu verrutschen. Es schien alles so unwirklich. Winzige Details, und jedes einzelne so brutal, wenn es um dein neugeborenes Baby geht.
Anschließend wurde Leni auf die Intensivstation eingewiesen. Ihre Sauerstoffsättigung, der Herzschlag und ihr Blutdruck mussten kontrolliert werden. Markus ging nach unten, um uns anzumelden.
Die Intensivstation lag zwei Stockwerke über dem Kreißsaal. Für mich fühlte es sich völlig surreal an. Genau dort hatte ich vor sechs Tagen entbunden. Und jetzt? Jetzt lief ich mit Leni durch die Krankenhausgänge zur Schleuse, wo ich in einen Ganzkörperanzug und Handschuhe schlüpfen musste, um keine Keime zu verbreiten. In meiner Fantasie rannten die Ärzte immer mit gehetzten Blicken zur Intensivstation und schoben ein Bett mit einem Schwerkranken an die rettenden Beatmungsgeräte. Ich hatte eindeutig zu viel *Grey's Anatomy* geschaut.
Die Gedanken kreisten in meinem Kopf. Warum genau mussten wir auf die Intensivstation? Leni war doch nicht etwa in Gefahr? Ich

war viel zu gefangen in meinen Gefühlen, um klar denken zu können. Angstschweiß sammelte sich unter dem Schutzanzug, mir war schrecklich heiß und zugleich eiskalt.
Dann waren wir in dem Zimmer der Intensivstation angekommen. Ich durfte den Anzug wieder ausziehen. Leni wurde in ein Bett für Frühgeborene gelegt. Dabei war sie doch gar kein Frühchen, protestierte ich in Gedanken. Doch in dem Bettchen hatte sie es warm und war sicher.
Wieder wurde sie nackt ausgezogen, Dioden wurden auf ihren winzigen Körper geklebt und lauter Kabel angeschlossen. Die Handgriffe der Schwester wirkten routiniert, sie strahlte große Ruhe aus. Ich hatte ja keine Ahnung, wie oft wir sie noch sehen würden und wie viel sie für uns tun würde ...
Mein Blick fiel auf Leni, wie sie da lag. Sie sah auf einmal so krank aus. Mein ganzer Körper bestand nur noch aus Sorge. Ich wollte sie hochnehmen, doch ich traute mich kaum, aus Angst, etwas könnte verrutschen. Die Schwester zeigte es mir und erklärte mir auch, wie ich Leni mit all den Dioden wickeln konnte.
Kaum war ich mit ihr allein, krampfte Leni erneut. Ich rief in den Flur, eine Ärztin kam angelaufen, sie sah es auch. Wo steckte bloß Markus? Und wie sollte das weitergehen? Warum kam Leni nicht zur Ruhe?
Mein Magen rebellierte, mir wurde übel. Fast hätte ich mich vor Panik übergeben. Eilig schrieb ich Markus auf WhatsApp, was passiert war. Er war immer noch bei der Anmeldung.

Markus

Es tut mir so leid. Bin so fertig gerade.

Vanessa

Ich auch. Aber egal, was es ist, wir schaffen das zusammen. Ok?

Hunderte Male sollten wir uns das in den nächsten Wochen und Monaten versichern: dass wir es schaffen würden. Manchmal sagten wir es voller Kraft. Und dann wieder glaubten wir kaum noch daran und hielten uns an den Worten und an unserer Liebe fest.
Dann endlich hatte er alle Formalitäten erledigt und kam zu uns auf die Intensivstation. Ich bemerkte seinen Blick, als er Leni an all die Monitore angeschlossen sah. Er spiegelte all meine Gefühle. Es tat weh, ihn so zu sehen. Es tat noch mehr weh, Leni so zu sehen.

Wenig später ließ der Radiologe die Sonde über Lenis Kopf gleiten. Eine Hirnblutung, ein Tumor … all das waren mögliche Ursachen für Krampfanfälle. Aber der Befund war unauffällig. Ich stieß den angehaltenen Atem aus und spürte, wie die Anspannung ein Stück weit von mir abfiel. Eine Reihe von Krampfanfällen konnte auf Epilepsie hindeuten. Wenn es das tatsächlich wäre, dann ließe sich das doch behandeln. Ich meinte, irgendwo gehört zu haben, dass es Fälle von Neugeborenenepilepsie gab, in denen sich alles verwuchs. Immerhin waren wir hier gut aufgehoben, die Klinik war bekannt für ihre hervorragende Neuropädiatrie.

♡ ♡ ♡

Für Markus und mich begann das zähe Warten auf die Untersuchungsergebnisse.
Warten ist ein zweischneidiges Schwert. Du wünschst dir, endlich eine Diagnose zu bekommen, damit die Angst aufhört und dein Kind behandelt werden kann. Warten aber heißt auch Hoffen: darauf, dass es vielleicht nicht so schlimm ist. Dass alles wieder gut wird. Dass du aus dieser Albtraumwelt erwachst.
Meine Beine begannen zu zittern, ich sah an ihnen herab. Da begriff ich, dass ich blutete. In all der Panik hatte ich vergessen, dass ich erst entbunden hatte. Als Lenis Mutter war mir ein Zimmer in einem anderen Flur zugewiesen worden, wo ich die Nacht verbringen konnte. Rasch zog ich eine Sporthose, Einlagen und eine Musselin-Bluse aus der Tasche, die Markus mitgebracht hatte. Während er bei Leni blieb, ging ich rasch auf das Zimmer, um mir Tränen und Blut wegzuwaschen. Ich hatte nicht mal etwas getrunken, geschweige denn gegessen in den letzten Stunden.
Ich organisierte mir noch schnell eine Flasche Wasser und kehrte zu Leni zurück. Markus hielt sie im Arm, er sah auf sie herab, so voller Liebe. Ich spürte seine Sorge, den drängenden Wunsch, sie zu beschützen. Die Hilflosigkeit und den Schmerz.
Wir weinten zusammen, redeten, schwiegen und suchten nach Erklärungen. Am nächsten Morgen würde ein Neuropädiater sich Lenis Fall ansehen. Bis dahin mussten wir uns gedulden.
Als es Abend wurde, fuhr Markus zu seinen Eltern, um Leon abzuholen. Ich blieb über Nacht bei Leni, um keinen Preis der Welt hätte ich sie dort allein gelassen.
Es war schon spät, als ich Markus ein Bild von ihr schickte, ich hatte sie im Arm, sie trank gerade.

Markus

Oh. Sie ist wach. Ich liebe sie so sehr.

Vanessa

Ich liebe sie auch so ...

Markus

Liege jetzt im Bett und versuche, Kraft zu tanken.
Ich bin erreichbar für dich, also ruf einfach an.
Ich bin traurig, dass ich nicht mit dir, Leon und der Kleinen hier zusammen sein kann. Ihr fehlt mir sehr.

War wirklich erst eine Nacht vergangen, dass wir vier gemeinsam in unserem breiten Bett gelegen hatten? Leni auf der einen Seite, Markus auf der anderen und dazwischen Leon?

Während um mich herum die Geräte der Intensivstation piepsten, holten mich die Ereignisse des Tages ein. Lenis Geburt, diese starke, selbstbestimmte Geburt, war erst sechs Tage her, mein Körper noch voller Hormone, mein Herz so voller Liebe. Und jetzt ... jetzt saß ich hier, das Gegenteil von stark, von selbstbestimmt, und spürte, wie Panik nach mir griff. Das Schicksal drohte mir alles zu rauben: dieses Gefühl der Heilung, das Lenis Geburt in mir ausgelöst hatte. Das schöne Leben, das wir in den letzten Tagen genossen hatten. Die Zukunft, die ich mir ausgemalt hatte ...

Vielleicht war es das Alleinsein, das Getrenntsein von Markus und Leon – dieser Riss, der durch unsere Familie ging. Wie konnte die Realität so hart sein?

Meine Gedanken wanderten zu Leon. Eben erst hatte er seine kleine Schwester kennengelernt, schon brach das Chaos aus, und seine Mama verschwand erneut im Krankenhaus. Wie würde unser Leben aussehen, wenn Leni schwer krank wäre?
Ich wünschte mir einfach nur zwei Kinder, die zusammen im Garten spielten. Geschwister, die durch dick und dünn gingen, ihr Leben lang.

♡ ♡ ♡

Eigentlich hatte ich Lenis nächsten Brief bei ihrem ersten Meilenstein schreiben wollen. Wie sie auf unsere Stimme reagierte. Gluckste, lachte. Doch irgendwann würden wir auf diesen Tag zurückblicken. Und dann sollte sie wissen, was passiert war …

Liebe Leni,

wo sind wir gelandet? Du liegst auf meiner Brust und schlummerst friedlich. Nur sind wir nicht zu Hause bei Papa und Leon, sondern auf der Intensivstation – alles voller Kabel, regelrecht von Kopf bis Fuß. So oft habe ich mir das Video von dir angeschaut, das ich heute Mittag völlig im Affekt aufgenommen habe. Krampfanfälle, Epilepsie und krank waren die Worte, die heute gefallen sind, dabei siehst du so süß und gesund aus. Ich schwanke irgendwo zwischen großer Hoffnung, dass dieser Spuk in ein paar Tagen vorbei ist und wir wieder zu Hause schlafen können und unser neu begonnenes Leben einfach weiterleben können, und großer Angst, dass leider nichts mehr gut wird und du tatsächlich schwer krank bist. Ich habe Heimweh, Papa- und Leon-Weh.

Solange ich kann, bleibe ich bei dir sitzen und schenke dir die Wärme auf meiner Brust. Und ein bisschen bricht mir mein Herz, kleine Leni.

Du riechst kaum noch nach Baby, sondern nach Krankenhaus und Desinfektion …

Ich verspreche dir, dass ich bei dir bin. Dass du keine Sekunde alleine bist und wir dir alles ermöglichen, was nötig ist. Ich liebe dich!

Deine Mama

Wenn ich heute zurückblicke auf diesen Tag, spüre ich die immense Fallhöhe, der wir ausgesetzt waren. Die rosarote Blase war von einer Sekunde auf die andere zerplatzt. Wir waren aus diesem wunderschönen Traum in eine neue Realität geworfen worden, und die war alles andere als rosarot. Sie hatte ihre eigenen Gesetze, scherte sich nicht darum, wie zart, wie fragil Leni mit ihren sechs Tagen noch war. Sie scherte sich auch nicht darum, dass ich gerade erst ein Kind zur Welt gebracht hatte, dass Leon seine Mama vermisste und Markus wie kein anderer Verantwortung übernehmen, alles für Leni tun wollte und dennoch erkennen musste, dass er machtlos war. Weil wir unserer Tochter nicht abnehmen konnten, was sie durchlitt.

Es war eine unberechenbare Welt, voller Schmerz, physischem wie psychischem Schmerz. An diesem ersten Tag unserer neuen Zeitrechnung wussten wir es noch nicht, doch sie wurde regiert von der Epilepsie, die sich in Lenis Fall zu einem Monster auswuchs, resistent gegen Medikamente und leichtere Therapien. Und immer, wenn wir dachten, wir wären ein Stück weiter, hätten den Auslöser gefunden, den Krankheitsherd lokalisiert, die beste Lösung parat, wurden wir böse überrascht.

Wenn der Weg hart ist und immer noch härter wird, dann geht es letztlich nur noch um eines: Ist deine Liebe stark genug?

Was das anging, war das Monster bei uns auf verlorenem Posten. Denn unsere Liebe zu Leni kannte keine Grenzen. Etwas, was wir immer auch dann erkannten, wenn wir weit über unsere eigenen Grenzen hinausgehen mussten ...

Aber in dieser ersten Nacht, allein mit Leni auf der Intensivstation, ahnte ich von alldem noch nichts. Da hatte ich erst einen Fuß in unsere neue Realität gesetzt.

KAPITEL 3

ICH HALTE WACHE

Das Licht war gedimmt, doch richtig dunkel wurde es nie auf der Intensivstation. Die Überwachungsmonitore leuchteten in ihrem kalten Licht, ich hörte ihr Summen, das rhythmische Piepsen, beruhigend und angsteinflößend zugleich. Vier Bettchen reihten sich aneinander, drei davon waren in dieser Nacht belegt.

Schlaflose Nächte … Vor diesem Tag war das meine größte Angst gewesen, was die ersten Monate mit Leni betraf. Dieses Gefühl, wenn sich alles im Kopf dreht und einem übel wird, weil der Körper völlig überlastet ist. Die vergangenen Stunden hatten meine bisherigen Level an Müdigkeit relativiert. Doch wenn es nur das gewesen wäre … Bilder von Leni liefen in Dauerschleife in meinem Kopf ab. Die Krämpfe, die wie aus dem Nichts kamen. Dieses Gefühl, dass sie ihnen ausgeliefert war. Dann ihr Weinen, ihr lautes Schreien, ihr Schmerz. Ich hatte ihr doch versprochen, sie immer zu beschützen!

Weinend lehnte ich mich auf dem Stillstuhl zurück, der neben ihrem Bett stand, kontrollierte die ganzen Kabel und Schläuche. Leni lag auf meiner Brust, sie seufzte leise im Schlaf. Ich schmiegte sie dichter an mich, wickelte einen Teil meiner Bluse um ihren winzigen Körper und sang leise für sie:

Ich halte Wache
An deinem Bett
Und wenn böse Geister komm'n
Dann jag' ich die weg …

„Ich halte Wache" ... dieser Song von Florian Künstler sollte Lenis und mein Lied werden. Tausendmal sang ich die Strophen für sie, um ihr zu versichern, dass ich immer für sie da sein würde.
Auch für Leon hatte ich immer gesungen, „Dir gehört mein Herz". So war es ja auch. Mein Herz hatte ich längst an ihn verloren, an ihn und Leni und Markus. Ich sehnte mich so danach, zu Hause zu sein, bei meiner kleinen Familie. Eigenartig, wie selbstverständlich man alles nimmt, bis es einem genommen wird ...
Meine Gedanken wanderten weiter zu meiner Mutter. Vor drei Tagen noch war sie bei uns zu Hause gewesen, hatte ihre Enkeltochter im Arm gehalten und vor Freude geweint. Leni hatte sie an mich erinnert, als ich geboren worden war. Ich hatte sie vor ein paar Stunden angerufen und trösten müssen. Wenn ein Kind krank wird, trifft es die ganze Familie so hart.

Irgendwann, als es auf Mitternacht zuging, war ich dermaßen fertig, dass sich alles in meinem Kopf drehte. Ich kam einfach nicht zur Ruhe. In regelmäßigen Abständen schaute die Nachtschwester herein, weil eines der anderen Babys weinte. Dann schaltete sie das grelle Licht ein, das mir in die Augen stach, fütterte, wickelte oder verabreichte Medikamente. Irgendwann sagte sie zu mir, ich solle mich doch für ein paar Stunden in das bereitstehende Krankenzimmer zurückziehen und versuchen, zu schlafen. Sie versprach mir, mich sofort zu rufen, wenn Leni wach würde. Ich wusste, sie hatte recht. Ich musste Kraft sammeln für den morgigen Tag.
Schweren Herzens legte ich Leni in ihr Bettchen, streichelte sie und vergewisserte mich, dass sie tief schlief. Dann ging ich den Flur hinab zu meinem Zimmer und fiel förmlich ins Bett. Es war ein Zweibettzimmer, doch in dieser Nacht war ich allein.

Ich warf einen Blick auf mein Handy. Freundinnen und Freunde hatten Nachrichten geschickt, gefragt, ob sie etwas für mich tun könnten. Ich spürte die Sorge durch die Zeilen, war ihnen dankbar. Doch ich konnte nicht antworten. Alles war noch so unsicher, so voller Fragezeichen. Es war seltsam, aber es fühlte sich so an, als hätte der heutige Tag mich ein Stück weit von der normalen Welt abgetrennt. Einer Welt, in der Kinder mal einen hartnäckigen Husten, einen Magen-Darm-Virus oder hohes Fieber hatten und man sich deshalb Sorgen machte. Hier, im Kinderkrankenhaus, war die Realität eine völlig andere. Die beiden Babys, die in dieser Nacht zusammen mit Leni auf der Intensivstation lagen, waren zum Glück nicht schwer krank. Aber ich wollte gar nicht wissen, welche Dramen sich in diesen Mauern sonst noch abspielten. Ich wollte mit aller Macht daran glauben, dass wir heil und schnell hier herauskamen. Dafür brauchten wir eine Diagnose, die zeigte, wie Leni behandelt werden musste.
Jeder einzelne Krampfanfall war wie ein Puzzleteil. Zusammen mit den Untersuchungsergebnissen würde alles letztendlich ein Bild ergeben und die Ursache für Lenis Zustand offenlegen. Aber bis es so weit war, dauerte es eben noch. Geduld war nicht unbedingt meine Stärke, nicht, wenn es um mein Kind ging.
Und dann tat ich das, was man definitiv nicht tun sollte. Statt die Augen zu schließen, nahm ich das Handy und begann zu googeln: Krampfanfälle+Neugeborene.

Häufige Epilepsieformen bei Kindern

Manche Epilepsieformen, man nennt sie Epilepsie-Syndrome, führen nur über einige Jahre im Kindesalter zu Anfällen. So kann sich die sogenannte **Absence-Epilepsie**, bei der das Kind einige Sekunden lang geistig abwesend ist (Absence = kurze Geistesabwesenheit), möglicherweise mit den Augenlidern zuckt und nicht auf Ansprache reagiert, nach wenigen Jahren „verwachsen". Kinder, die an einer selbst-limitierten Epilepsie des Kindesalters, der sog. **Rolando-Epilepsie**, erkrankt sind, zeigen während eines Anfalls Zuckungen und Kribbeln vor allem im Gesicht, manchmal auch an den Armen. Nach der Pubertät treten keine Anfälle mehr auf.
Viele Formen der Epilepsie führen im Alltag der betroffenen Kinder zu wenigen Einschränkungen. Ein Großteil entwickelt sich geistig ebenso wie nicht an Epilepsie Erkrankte.
Anfälle bedeuten jedoch einen Kontrollverlust. Viele Kinder fürchten sich davor, einen Anfall in der Öffentlichkeit zu haben, besonders wenn er mit auffälligeren Muskelzuckungen einhergeht, die Beine wegknicken, das Kind zu speicheln beginnt und die Augen verdreht. Auch wird von Konzentrationsstörungen, Unruhe und Müdigkeit berichtet.
Beginnen Anfälle im ersten Lebensjahr, kann dies ein erstes Anzeichen einer schweren Erkrankung des Gehirns sein. Diese hemmt die motorische und geistige Entwicklung von Kindern und führt zu häufigen Anfällen, die mit Medikamenten nicht zu kontrollieren sind. Ein typisches Merkmal solcher Erkrankun-

gen können die sogenannten **epileptischen Spasmen** sein. Dabei treten Serien von Anfällen mit zunehmender Intensität von fünf bis fünfzehn Minuten auf, bei denen die Babys blitzartig die Augen nach oben verdrehen, die Arme ausbreiten und die Beine hochwerfen. Früher nannte man dies Blitz-Nick-Salaam-Anfälle (BNS).

Die erste Seite, die ich aufrief, war gleich ein Treffer: in meinen Magen, in mein Gesicht. Mein Blick flog über die Zeilen. Frühe myoklonische Enzephalopathie. Die typischen Anzeichen sprangen mir in fetter Schrift entgegen: Muskelzuckungen in den ersten Lebenstagen. Typisch war offenbar, dass die hieran erkrankten Babys bei einem Anfall bei Bewusstsein waren. Fieberhaft überlegte ich. Leni hatte abwesend gewirkt, doch sie hatte eigenständig geatmet. Also war sie bei Bewusstsein gewesen – oder nicht? Ich las weiter, landete bei der Prognose. Die Hälfte der Kinder überlebte, litt jedoch an schweren geistigen und körperlichen Behinderungen. Die andere Hälfte starb innerhalb der ersten Lebenswochen. Panik stieg in mir auf, mein Nacken verkrampfte sich. Wie unter Zwang googelte ich weiter, stieß auf das BNS- oder West-Syndrom und weitere schwere Epilepsieformen. Was es auch war: Sie alle hatten eines gemeinsam – sie waren unter Umständen lebensverkürzend.
Lebensverkürzend? Meine Panik wuchs, hektisch sog ich Luft ein, doch mein Hals war wie zugeschnürt. Mein Gesichtsfeld bekam schwarze Ränder, wurde enger und enger, während meine Gedanken rasten. Sechseinhalb Tage war es jetzt her, dass ich Leni geboren

hatte. Zwölf Stunden zuvor hatte ich gedacht, ihr fehlten vielleicht Elektrolyte, ihr sei zu warm geworden, was auch immer. Und jetzt war ich bei dem Gedanken angekommen, sie könnte bald sterben? Das hielt ich einfach nicht aus!

Ich rief Markus an, redete in meiner Panik drauflos. Er hatte Mühe, meine Worte durch all das Schluchzen hindurch zu verstehen, und versuchte, mich zu beruhigen. Als ich schließlich in der Lage war, ihm zu erklären, was mich so getriggert hatte, da sagte er mir, er sei auf derselben Seite gelandet.

„Vanessa, hör auf zu googeln", beschwor er mich, und doch tat er es selbst.

In dieser Nacht begriff ich eines. Man kann sich noch so nah sein, sich noch so sehr lieben. Doch durch den Schmerz, wenn ein Kind krank wird, geht jeder ein Stück weit allein.

Irgendwann konnte ich die Augen nicht mehr offen halten, legte das Handy beiseite und fiel in einen unruhigen Schlaf. Zweimal rief mich die Schwester, damit ich Leni versorgte. Zusätzlich zu der seelischen Erschöpfung spürte ich noch all die körperlichen Symptome der Geburt. Ich hatte Probleme, mich zu orientieren, irrte umher, weil ich ein neues steriles Fläschchen brauchte, fand keines, musste danach fragen. Ich fühlte mich so fremdbestimmt, während ich mehr und mehr den Kontakt zu mir selbst verlor. Alles war so surreal, so weit entfernt von dem Gewohnten. Eine Nacht wie in einem Fiebertraum.

♡ ♡ ♡

In der Früh schickte Markus mir Bilder von Leon und den Katzen. Sie alle vermissten mich, schrieb er, und wollten Leni und mich bei sich haben. Ich wusste so genau, wovon er sprach. Auch ich wollte unser Leben zurückhaben. *Drei, vier Tage … Ich ziehe das jetzt durch, und dann geht es wieder heim*, sagte ich mir immer wieder.

Noch vor der Visite wurde das EEG gemacht. Ich sah zu, wie die Elektroden auf Lenis Kopf geklebt und ihre Hirnströme gemessen wurden. Sie schlief und bekam von alldem nichts mit. Und ich … ich war so leer von all der Angst, dass ich nicht wusste, was ich denken sollte. Ich fror bloß.

Dann stand endlich die Visite an. Markus hatte Leon in den Kindergarten gebracht und es noch rechtzeitig geschafft. Ich war froh, ihn zu sehen. Lenis Neuropädiater wirkte so klar und strukturiert, dass er uns eine Menge Halt gab in diesen Tagen voller Unsicherheit. Die Laborwerte waren allesamt unauffällig; demnach war es unwahrscheinlich, dass eine Entzündung oder eine Stoffwechselerkrankung die Ursache für die Krämpfe waren. Auch die Lumbalpunktion wies auf keine Entzündung hin. Das EEG deutete wahrscheinlich auf eine fokale epileptiforme Aktivität hin, ließ sich jedoch nur eingeschränkt beurteilen. Was nichts anderes hieß, als dass sich in Lenis rechter Hirnhälfte ein Krankheitsherd befinden könnte, der möglicherweise epileptische Anfälle verursachte. Der Arzt wies uns darauf hin, wie gut Lenis Allgemeinzustand sei, was bei schweren Formen von Epilepsie in diesem Lebensalter selten vorkomme.

Er schlug vor, ein MRT zur Abklärung zu machen und das EEG am folgenden Tag zu wiederholen, wenn Leni wach sei und trinke. Außerdem sollte sie eine Gabe von Vitamin B6 verabreicht bekommen. In einigen seltenen Fällen war ein Mangel an diesem Vitamin die Ursache für Neugeborenenkrämpfe.

Nach der Visite waren wir nicht viel schlauer, doch wir spürten beide großes Vertrauen in Lenis Arzt, und das half uns, die nötige Geduld aufzubringen. Markus blieb den Tag über bei uns. Es tat so gut, nicht allein für Leni verantwortlich zu sein und es auch nicht allein aushalten zu müssen, wenn sie krampfte. Und es verschaffte mir Gelegenheit, eine Kleinigkeit zu essen, auch wenn ich mich dazu zwingen musste, weil mein Magen sich noch immer vor Sorge ständig zusammenzog.

Auf Instagram hofften meine Follower auf Babybubble-Vibes, aber dazu hatte ich keine Kraft. Ich spürte Druck, musste überlegen, was ich sagen sollte. Doch nicht heute. An diesem Tag fehlte mir selbst die Energie, mit Freunden zu schreiben. Eine Ausnahme bildete meine Freundin Laura, die als Trauerbegleitung und Hospizhelferin arbeitet. Als ich ihr von meinen Ängsten schrieb, wusste ich, dass ich sie damit nicht überforderte. Auch sie war traurig und besorgt, doch ich musste sie nicht trösten, da sie in der Lage war, sich ein wenig abzugrenzen. Und so konnte ich ungefiltert loswerden, was immer

Epilepsie bei Neugeborenen

Anfälle bei Neugeborenen sind oft sehr schwierig zu beurteilen. Ein wichtiges Merkmal ist, dass die auffälligen Bewegungsmuster und Verhaltensänderungen in sehr gleichförmiger Weise (stereotyp) auftreten, so als liefe jedes Mal derselbe Film ab. Häufige Symptome sind Anspannung (tonisch) oder rhythmische Zuckungen (klonisch) in einzelnen Gliedmaßen, fehlende Reaktion mit automatisierten Bewegungsmustern und veränderte Reaktionen des sogenannten autonomen Nervensystems (Speicheln, veränderte Atmung, Atempausen, schneller Herzschlag). Mehrere Videos der Ereignisse können für eine erste Einschätzung sehr wichtig sein.

mir durch den Kopf ging. Sie war es gewesen, der ich nach Lenis Geburt geschrieben hatte, dass diese Erfahrung so vieles in mir geheilt hätte. Und sie war es, der ich jetzt schreiben konnte, wie verraten ich mich vom Schicksal fühlte, weil mir wieder etwas genommen wurde. Weil sich diese wunderschöne, tiefe Erfahrung von Lenis Geburt in einen Albtraum verwandelte. Statt dass ich diese überbordende Liebe genießen konnte, heulte ich mir die Augen aus. Das war doch nicht gerecht! Sie ließ mir diesen Raum für all meine Gefühle, wies mich nicht darauf hin, dass es ja vorrangig um Leni ging, was mir absolut bewusst war. Ich schrieb ihr von meinen Ängsten, dass Leni schwer krank sein könnte, denn noch war überhaupt nichts sicher, und sie zündete eine Kerze für sie an. Ich schrieb ihr Nachrichten voller Zuversicht, wenn ich dachte, es ginge aufwärts. Leni bekam an diesem Montag ihre erste Gabe des Antiepileptikums Levetiracetam. Ich ließ Laura wissen, dass Epilepsie gut mit Medikamenten behandelbar sei, und sie atmete gemeinsam mit mir auf. Und als Leni unter dem Medikament krampfte, weil ihre Erkrankung eben doch nicht so einfach mit ein paar Infusionen wegzuzaubern war, tröstete sie mich und hoffte mit mir auf das nächste Medikament, das den Durchbruch bringen könnte. Das tat es jedoch nicht. Leni krampfte weiter, und so blickten Markus und ich voller Sorge und Ungeduld dem MRT entgegen.

♡ ♡ ♡

Markus hätte mich in der folgenden Nacht gern abgelöst, sodass ich zu Hause schlafen und Zeit mit Leon verbringen könnte, doch das war auf der Intensivstation aus organisatorischen Gründen für Väter nicht möglich.

Noch immer lag Leni die meiste Zeit auf meiner Brust, Herz auf Herz, Haut auf Haut. Inzwischen hatte ich mich an die Kabel und Schläuche gewöhnt. Was hieß gewöhnt ... Dass Leni medizinisch überwacht werden musste, war etwas, an das ich mich nicht gewöhnen wollte. Ich blieb nur einfach nicht mehr an dem Clip für die Sauerstoffsättigung hängen, wenn ich ihr eine frische Windel anzog.
Nach wie vor war ich überzeugt, dass wir bald nach Hause könnten. Während sie döste, sang ich für sie oder flüsterte ihr tröstende Worte ins Ohr. Ich fühlte ihre kleinen Hände, die sich an mir festhielten, und weinte, wenn sie erneut krampfte und ich realisieren musste, dass die Einstellung der Medikamente noch komplizierter war als befürchtet.

Als Leni an diesem zweiten Abend schließlich fest schlief und ich mich für ein paar Stunden in das Zimmer zurückziehen wollte, um es ihr gleichzutun, gab mir die Intensivschwester einen Flyer vom Bunten Kreis Mittelrhein, einer Organisation, die Familien mit Frühgeborenen, schwerst- oder chronisch kranken Kindern unterstützt. Ich warf einen Blick darauf. „Plötzlich ist Ihr Kind schwerkrank", stand da. Es war dieselbe Schwester, die auch am Sonntag in der Notaufnahme da gewesen war. Sie erklärte, dass dieser Verein uns unterstützen könnte, wenn wir wieder nach Hause kämen. Sie sprach von Pflegestufen, von einem Schwerbehindertenausweis ... lauter Dinge, die irgendwie an mir vorbeiflogen. Ich hörte sie, aber sie kamen gar nicht in meinem Hirn an. Noch nicht.
Wenn dein Kind schwer krank ist, wehrt sich alles in dir, es zu akzeptieren. Denn akzeptieren heißt, es anzunehmen – wie aber solltest du je die Tatsache annehmen, dass der Mensch, den du mehr liebst als dich selbst, sich durch einen Schicksalsschlag deinem Schutz entzieht?

Vielleicht hatte ein Teil von mir es ja längst begriffen. Doch in diesem Moment schob ich es weg. Ich dachte, ich kann noch kämpfen, kann noch negieren, kann irgendetwas tun, damit es doch anders kommt.

Epilepsie: „Gewitter im Gehirn"

Bei der Epilepsie handelt es sich um eine Erkrankung des Gehirns, bei der anfallsartige Funktionsstörungen des Gehirns auftreten, die von einer gestörten, gesteigerten Entladungsaktivität der Nervenzellen ausgehend sind. Epileptische Anfälle können wenige Sekunden bis Minuten dauern. Fast alle epileptischen Anfälle enden von selbst und müssen nicht durch Medikamente beendet werden.

Die Ursachen können angeboren sein (durch eine fehlerhafte genetische Information, sodass wichtige Zellfunktionen gestört sind oder sich das Gehirn in seinem Aufbau nicht richtig entwickelt) oder im Laufe des Lebens eintreten, wie z. B. bei Hirnverletzungen, Hirnentzündungen, Schlaganfällen oder Tumoren. Nicht immer sind die Ursachen mit heutigen Mitteln erkennbar. Epileptische Anfälle entstehen nicht aus einer einzelnen Nervenzelle, sondern aus einem Netzwerk vieler Nervenzellen. Dabei unterscheidet man sogenannte fokale und generalisierte epileptische Anfälle. Bei fokalen Anfällen liegen alle Nervenzellen des gestörten Netzwerks in einem begrenzten Hirnareal, dem sogenannten Herd, und sind nicht in beiden Hirnhälften verteilt. Sie können, müssen aber nicht mit Bewusstseinsverän-

derungen einhergehen. Bei generalisierten Anfällen hingegen ist das Netzwerk der Epilepsie über beide Hirnhälften verteilt, und Anfälle breiten sich darin sehr rasch aus, was meist zu einer Störung des Bewusstseins führt.
Der jeweilige Anfallstyp kann Hinweise auf die Form der Epilepsie und teils auch die Ursachen sowie die Behandlungsmöglichkeiten geben.

♡ ♡ ♡

Am nächsten Tag fand ein Aufklärungsgespräch mit dem Anästhesisten statt. Ein MRT war bloß eine Routineuntersuchung. Doch weil Leni noch nicht in der Lage wäre, absolut still zu liegen, musste sie für das MRT sediert werden. Markus und mir war nicht wohl bei dem Gedanken, wie viele Medikamente sie bekam. Aber in diesem Fall war das echte Problem ein anderes. Die Liste mit Risiken bei einem Neugeborenen schien unendlich lang, von instabilem Kreislauf über Unterkühlung bis hin zu neurologischen Störungen infolge der Untersuchung. Am schwierigsten war die Aufrechterhaltung der Atmung. Der Körper eines derart kleinen Babys befindet sich noch im Reifungsprozess. Daher können die weichen Atemwege unter einer Sedierung kollabieren, die Atmung insgesamt kann beeinträchtigt werden, und es droht ein Atemstillstand.
Markus und ich saßen über dem Aufklärungsbogen und sahen uns an. Alles in allem sollten wir die Unterschrift unter dieses Formular setzen und uns im schlimmsten Fall mit dem Tod unserer Tochter einverstanden erklären.

Alles in mir rebellierte. Der Anästhesist erklärte mir, dass Lenis Herzschlag, ihr Blutdruck und die Sauerstoffsättigung jede Sekunde überwacht würden, dass sie über eine Nasensonde Sauerstoff zugeführt bekäme und dass die ganze Zeit über eine Kinderärztin an ihrer Seite sei, um im Notfall sofort handeln zu können.
Ich beruhigte mich ein wenig. Doch wenn Leni etwas passiert wäre, dann hätte ich mir das niemals verziehen.

♡ ♡ ♡

Das Gefühl, Leni abzugeben und sich bewusst darüber zu sein, dass die Sedierung das Potenzial hatte, ihr Leben zu gefährden, war schlimm. Ich fühlte mich zerrissen zwischen der Notwendigkeit, die Ursache für Lenis Krämpfe zu finden, und dem Bedürfnis, mich mit ihr einzuigeln. Doch was dann?
Ein junger Arzt trat an uns heran, um uns gut zuzureden. Er meinte, dass sicher nichts auf dem MRT zu finden sei, da sie noch so klein sei. Und so übergaben wir Leni in die Hände des Anästhesie-Teams und warteten auf dem Flur – voller Unruhe, Hoffnung und Angst, alles in einem derart schnellen Wechsel, der mich schwindelig machte. Es war der vierte Tag, dass wir in dieser Sorge um Leni feststeckten. Ich fühlte mich verschwitzt, sehnte mich nach einer Dusche, nach einer Pause von all der Verantwortung, die auf unseren Schultern lag. Doch jetzt war nicht der Moment dafür.
Nach einer knappen Stunde war das MRT überstanden. Die Kinderärztin, die an Lenis Seite gewesen war, kam zu uns auf den Flur. Alles war gut gegangen. Leni war noch sediert, aber sie atmete eigenständig und hatte unter der Sedierung auch keine Probleme gehabt.
Markus und ich sahen uns an und weinten vor Erleichterung. Ein Teil

dieses immensen Drucks, unter dem wir standen, fiel von uns ab. Jetzt mussten wir nur noch auf das Ergebnis warten. Die Besprechung des Bildmaterials war für den nächsten Morgen angesetzt.
Im nächsten Moment trat der Chefarzt auf uns zu.
„Wir haben eine Auffälligkeit im MRT gefunden“, sagte er. „Aber es ist kein Tumor.“

KAPITEL 4

GEWITTER IM GEHIRN

Mein Herz pochte vor Nervosität. Seltsamerweise hatte ich mir nie Sorgen wegen eines Tumors gemacht, obwohl ich wusste, dass dies eine der gängigen Ursachen für Krampfanfälle war. Aber was war es dann, was sie gefunden hatten? Wieder stürmten die Google-Suchergebnisse schwerer Epilepsieformen auf mich ein. All die Angst der vergangenen Tage schien sich zu verdichten auf diesen einen Moment.

Der Chefarzt führte uns zu einem Bildschirm im Flur der Intensivstation und rief Lenis MRT auf. Dann deutete er auf eine markierte Stelle oben rechts; sie war ein wenig dunkler und sah aus wie eine Wolke, die sich über diesen Bereich ihres Gehirns gelegt hatte. Als Nächstes erklärte er uns, dass die Diagnostik das Spezialgebiet von Lenis Neuropädiater sei, in dessen Hände er den Fall legen würde. Er würde sämtliche Bilder des MRTs auswerten und am kommenden Morgen ein umfangreiches Gespräch mit uns führen. Ich fühlte mich plötzlich so leer. Wieder mussten wir Geduld aufbringen, und es fiel mir unendlich schwer. Diese Unwissenheit zog mich runter. Doch es sprach ja für die Kompetenz der Ärztinnen und Ärzte, dass sie so gewissenhaft vorgingen, und das wiederum gab mir Halt. Markus empfand es ganz ähnlich; wir spürten einfach, dass Leni zu diesem Zeitpunkt dort in den besten Händen war. Und so hielten wir durch.

Währenddessen häuften sich Lenis Anfälle, und zwar trotz des Antiepileptikums, das sie bekam. Ich hatte damit begonnen, jedes Krampfgeschehen im Chat mit Markus zu dokumentieren.

Vanessa

15:42 Hat gerade wieder einen Anfall gehabt. 30 Sekunden.

15:52 Wieder einen Anfall, 45/60 Sekunden.

16:01 Gerade wieder 55 Sekunden.

16:07 Wieder 20 Sekunden.

Markus

Oh mein Gott. Was ist gerade los?

Vanessa

Manchmal gibt es wohl Episoden. Gerade wieder ein Anfall. Jetzt sieben Anfälle hintereinander …

Vereinzelte Anfälle konnte ich inzwischen einschätzen, doch diese Serien waren etwas ganz anderes. Ich fand sie beängstigend.
Markus wollte vorbeikommen, doch ich bat ihn, mit Leon zu spielen, das beruhigte mich weit mehr, wenn ich wusste, dass es dem Kleinen gut ging. Zumal sich die Intensivschwester neben mich setzte und mir versicherte, dass dies noch kein Grund zur Beunruhigung sei. Die Dosis von Lenis Medikament war erhöht worden, und es könne dauern, bis die Wirkung sich entfalten würde.

Spät am Abend rief Markus mich an. Er hatte sich das MRT-Bild von Lenis Gehirn genau eingeprägt – und tatsächlich etwas Vergleichbares im Internet gefunden.
„FCD", sagte er. „Genau das hat Leni. Eine fokale corticale Dysplasie."
Bei der FCD handelt es sich um eine angeborene Fehlentwicklung eines Bereichs der Großhirnrinde. Wenn es stimmte, dann war Leni bereits krank gewesen, als sie in meinem Bauch herangereift war. Der Gedanke, dass dieses kleine Wesen, das ich so tief liebte, von Anfang an keine Chance gehabt hatte, gesund zur Welt zu kommen, machte mich unsagbar traurig. Zugleich rief er alle Beschützerinstinkte in mir wach.
„Was kann man denn dagegen tun?", fragte ich. Doch Markus war noch am Suchen.
So wie ich ihn kannte, würde er die halbe Nacht im Internet stöbern, um herauszufinden, wie Leni zu helfen wäre. Seine Strategie im Umgang mit ihrer Krankheit war, sich möglichst viel Fachwissen anzueignen. Seit sie gekrampft hatte, sog er alle erdenklichen Informationen in sich auf, las englischsprachige Studien über fokale Anfälle und Epilepsie und suchte nach Berichten über Babys mit vergleichbaren Symptomen. Auf diese Weise erlangte er ein Stück der Kontrolle zurück, die uns entrissen worden war.
„Ich liebe dich, und ich verstehe dich", schrieb ich ihm. Tief im Innern spürte ich, wie diese Ausnahmesituation, in der wir steckten, uns immer enger zusammenschweißte. Die vielen Tränen, die Ängste, die Zerrissenheit, die Last der Verantwortung beiden Kindern gegenüber … Wir teilten alles, schonungslos ehrlich, und fingen einander auf.

Markus … Im August würden es neun Jahre sein, dass wir uns über den Weg gelaufen waren. Angefangen hatte alles mit einer Freundin, die mich überredet hatte, mich auf einer Dating-App anzumelden. Ich hatte nur so aus Spaß mitgemacht; ich wohnte zu der Zeit noch in meinem Kinderzimmer bei meiner Mutter in Aachen, hatte ein neues Studium angefangen und wollte gerade eigentlich niemanden kennenlernen. Ich stellte den Radius auf fünfundsiebzig Kilometer ein und ließ mich überraschen.

Markus war mein allererstes Match. Vier Wochen schrieben wir hin und her und verstanden uns auf Anhieb. Allerdings stellte sich ziemlich schnell heraus, dass er wegen seines Wohnorts geflunkert hatte. Er war in Düsseldorf feiern gewesen, hatte den dortigen Standort angegeben und ihn noch nicht auf Koblenz korrigiert, wo er in Wirklichkeit lebte. Was für ein Zufall! Um ein Haar wären wir einander niemals angezeigt worden.

Als unser erstes Date anstand, zögerte ich kurz, ich hatte so gar keine Lust auf die ganze Fahrerei. Doch als wir uns gegenüberstanden, funkte es direkt zwischen uns. Im Oktober kauften wir eine Ikea-Kommode und eine Kleiderstange, und ich zog bei ihm ein. Niemals hätte ich gedacht, dass ich über eine App eine solche Liebe finden könnte …

♡ ♡ ♡

Am Tag nach dem MRT saßen wir gemeinsam im Arztzimmer, in dem die Besprechung stattfinden sollte. Neben dem Neuropädiater war auch die Kinderärztin anwesend, die sich während des MRTs um Leni gekümmert hatte. Markus und ich spürten beide, wie stark sich Lenis Arzt dem Thema Epilepsie verschrieben hatte. Zu Beginn des

Gesprächs erklärte er uns, dass die Gewebeveränderung auf dem MRT normalerweise wohl unentdeckt geblieben wäre. Er hatte jedoch schon nach dem ersten EEG den Eindruck gehabt, dass Lenis Krampfgeschehen von einem Areal rechts oben in ihrem Gehirn ausgehen müsse. Und so hatte er eine starke Vermutung gehabt, wo er suchen musste, und den Kontrast der Aufnahme verstärkt, bis die strukturelle Anomalie sichtbar geworden sei. Markus und ich sogen staunend seine Worte auf. In diesem Moment wurde uns klar, welch unfassbares Glück wir hatten, dass sich dieser Arzt so intensiv und zugleich kompetent mit Lenis Fall beschäftigte. Es war beachtlich. Doch ich hielt es länger nicht aus, noch zu warten, ich musste es wissen: „Wird Leni mehrfach behindert sein? Oder sogar früher sterben?"
Schockiert sah er mich an und versicherte mir eilig, dass es zum jetzigen Zeitpunkt keinerlei Hinweise darauf gebe, auch nicht auf BNS-Anfälle. Ich hätte schon wieder weinen können, doch ich riss mich zusammen. Denn jetzt erklärte er uns, dass es sich bei Leni vermutlich um eine fokale corticale Dysplasie handelte. Er konnte vorerst jedoch nur eine Verdachtsdiagnose aussprechen, weil weitere Untersuchungen und insbesondere eine Verlaufskontrolle nötig waren. Denn Leni war einfach noch so klein, ihr Gehirn befand sich wie bei jedem Neugeborenen in einem Stadium intensiver Entwicklung.
Ich atmete aus. Markus hatte also recht gehabt. Leni hatte eine Anlagestörung in ihrem Gehirn. Doch woher kam sie?
Der Arzt empfahl uns eine humangenetische Untersuchung. Wenn tatsächlich eine Anomalie in einem der Gene gefunden würde, dann würde das Ergebnis wichtige Hinweise auf den Typ der Gewebeveränderung geben, was wiederum einen Einfluss auf die Behandlungsstrategie hätte.

Aber die drängendste Frage blieb: Wie konnte Leni geholfen werden?
Wie sich herausstellte, waren sämtliche Medikamente, die gegen Epilepsie auf dem Markt waren, bei einer FCD maximal dafür geeignet, die Anfälle in ihrer Häufigkeit und ihrer Schwere zu reduzieren. Bei vielen Patienten handelte es sich um eine medikamentenresistente Form der Erkrankung. Viel mehr Erfolg, so erklärte uns Lenis Arzt, verspräche die Epilepsiechirurgie: die Entfernung des kranken Gewebes. Ein Eingriff im Gehirn hatte seinen Preis, so viel war klar. In Lenis Fall handelte es sich um den Bereich, der für die Motorik der oberen Extremitäten zuständig war. Im besten Fall würde sie nicht in der Lage sein, ihre linke Hand zu gebrauchen, wäre jedoch anfallsfrei.
Ich sah Markus an. Sein Blick spiegelte dieselbe Entschlossenheit, die auch ich empfand. Hätten wir die Krämpfe der letzten Tage nicht erlebt, dann hätte uns die Vorstellung, dass unsere Tochter eine Lähmung der linken Hand davontragen würde, das Herz gebrochen. Im Bruchteil einer Sekunde liefen all die Möglichkeiten vor meinem inneren Auge ab, die ihr genommen werden würden, wenn sie nur eine Hand bewusst nutzen könnte. Es tat weh. Doch was Leni in den vergangenen Tagen durchgemacht hatte, war kein Leben, so viel war klar.
Der Arzt schien zu spüren, was in uns vor sich ging. Er wollte die MRT-Bilder einem Kollegen schicken, um eine Zweitmeinung einzuholen. Und er würde uns im Krankenhaus Mara in Bethel anmelden, einer Spezialklinik für Epilepsie, wo Leni weiter behandelt werden würde.

Es war eine Menge, was wir zu verarbeiten hatten.

Mir war bewusst, dass sich unser gesamtes Leben massiv verändern würde.
Jeder Mensch, der sich einer schweren Krankheit, einem Unfall oder dem Tod eines nahestehenden Menschen gegenübersieht, erkennt, dass nichts im Leben sicher ist. Theoretisch wissen wir das alle. Zwischen dem Wissen und dem echten Begreifen liegen jedoch Welten. *Vielleicht verwächst es sich ja, wartet doch mal ab, womöglich fängt sie sich* ... All das waren Floskeln, dazu gedacht, um zu trösten. Doch sie waren leer. Eine Anlagestörung war keine Neugeborenenepilepsie, die sich tatsächlich verwachsen könnte. Mein Trost war, dass Leni leben würde. Anders, ja, aber sie würde leben.
Wenn man gegen Dinge ankämpft, die man nicht ändern kann, kostet das immens viel Kraft. Ich wollte die Kraft, die ich hatte, nicht unnötig vergeuden. Ich wollte klarsehen, wollte wissen, was genau auf Leni und auch auf uns zukam. Und so nahm ich die Realität an – um dann alles tun, was mir möglich war, um Leni zu unterstützen. Damit sie sich bestmöglich entwickeln konnte und zu einem glücklichen Menschen heranwuchs.

♡ ♡ ♡

Auf Instagram häuften sich die Nachfragen. Viele meiner Follower wunderten sich, dass es still geworden war auf meinem Kanal, und machten sich Gedanken, was passiert sein könnte. Ich bekam immer mehr Nachrichten, und in den Kommentaren sammelten sich Fragen. Meine Realität war so fern von allem, was auf Instagram kommuniziert wurde. Sonntagmorgen hatte ich noch Zeit gehabt, zu duschen und Haare zu waschen, zum Glück. Hier in der Klinik konnte ich mich gerade mal frisch machen und mich umziehen, wenn Markus mir neue

Sachen mitbrachte. Das viele Weinen und die durchwachten Nächte hatten ihre Spuren hinterlassen. Mir fehlte die Kraft, mich der Öffentlichkeit zu präsentieren. Und am allerwenigsten wollte ich, dass die Leute mich aus Neugier anklickten. Es ging nicht um die Tragik der Story, es ging um Leben: um Lenis Leben, um das meiner Familie. Solange ich keinen Plan hatte, wie ich anderen Menschen mit unserer Geschichte weiterhelfen könnte, wollte ich sie unter Verschluss halten. Aber da waren ja auch all die Leute, die sich um uns sorgten. Ich fühlte mich völlig überfordert, machte mir selbst Druck.
Mit Markus konnte ich über alles sprechen, ich schrieb ihm:

Vanessa

Ich weiß nicht, wie, wann und wo ich mich äußern soll. Ich will eigentlich gar nicht, aber ich habe das Gefühl, ich muss.

Markus

Ich weiß. Wir sind eben keine Menschen, die das beruflich austragen. Aber wir sollten eine kurze Info geben.

Damit hatte er recht. Also machte ich eine Story. Erzählte, dass Leni krank war, ohne auf Einzelheiten einzugehen. Ich schloss mit den Worten: „Wir haben viele Gespräche geführt – auch über ‚schlimme' Dinge wie Pflegegrad, Schwerbehinderung, Spezial-Kliniken & Co. –, aber irgendwie stehen die Liebe und das krasse Wissen, dass wir als Familie zusammenstehen, über all dieser Angst und Ungewissheit."

Oft überrascht einen das Leben mit seinen Zufällen. Man macht eine Story, postet ein Statement … und plötzlich erreichen einen Worte, die unter die Haut gehen. Die ein Stück weit das eigene Leben verändern und den Anfang von neuen, intensiven Freundschaften bilden.
Ich hatte in meiner Story nur vage Informationen zu Lenis Zustand gegeben. Doch erreichten mich zwei Nachrichten von Müttern, die zwischen den Zeilen meiner Caption lasen und irgendwie ahnten, dass unsere Kinder die gleiche Erkrankung haben könnten. Beide folgten schließlich ihrem Bauchgefühl und schrieben mir. Ich konnte es kaum fassen! Julia (@zweieinhalb.walnuesse) und Nadine (@nadine.schliestaedt) waren tatsächlich durch ganz ähnliche Erfahrungen gegangen wie wir und schon ein ganzes Stück weiter. Was ich zu diesem Zeitpunkt überhaupt nicht ahnen konnte, war, dass Leni letztendlich die gleiche Operation brauchen würde wie Julias und Nadines Töchter. Ich ahnte auch nicht, wie viel mir dieser Kontakt geben würde: an Zuspruch, an Halt, an Insiderwissen und vielem mehr.
An dem Tag konnte ich nicht anders, ich musste ihnen antworten und bat sie um Geheimhaltung. Während Markus und ich noch dabei waren, alles zu verarbeiten und überhaupt zu begreifen, was auf Leni und uns womöglich zukam, wollte ich nicht in der Öffentlichkeit über eine Verdachtsdiagnose sprechen. Wir allein mussten die Verantwortung für Leni tragen, und sie war es, die mit unserer Entscheidung für eine OP leben musste. Wenn man einwilligt, dass seinem Kind ein Stück vom Gehirn entfernt wird, dann erträgt man keine gut gemeinten Ratschläge von Außenstehenden. Es sind Entscheidungen von solcher Tragweite … einer Trageweite, die man ja selbst noch gar nicht erfassen kann. Weil es keinen Weg zurück gibt. Weil alles, was mit dem Kopf zu tun hat, Angst macht. Und weil die Folgen

so schwer abzuschätzen sind. Zweifel, Gegenargumente, Einwände, die wälzten Markus und ich genug.

Julia und Nadine schenkten mir eine Menge Kraft, indem sie ihre Erfahrungen und auch ihre Gefühle mit mir teilten. Es half, zu wissen, dass andere Familien diesen Weg gegangen waren und ihn nicht bereuten. „Wenn es so wird wie bei meiner Tochter, dann wird's klar anders, aber fantastisch 🍀", waren Nadines Worte. Ich spürte so viel Respekt vor beiden und auch vor all den anderen pflegenden Eltern, die sich gemeldet hatten und die ich in den kommenden Wochen und Monaten auf Instagram näher kennenlernen durfte. Julia und Nadine hatten bei ihren Töchtern feststellen müssen, dass die Medikamente nicht wirklich halfen, die Chirurgie aber schon. Ich zeigte Markus ihre Nachrichten, und wir fühlten uns bestärkt. Auch wenn klar war, dass wir als Allererstes auf die Diagnose warten mussten und dann nach Bethel fahren würden, um uns beraten zu lassen.

Einige Tage später bekam Lenis Arzt Antwort von seinem Kollegen, den er um eine Zweitmeinung gebeten hatte.
Er schrieb:

Auszug aus der E-Mail

Ich habe mir das MRT angesehen. Die FCD rechts frontal ist klar und groß. Sie involviert wohl den vorderen Aspekt des Gyrus praecentralis [eine Hirnwindung an der Oberfläche des Frontallappens]. Die Ausdehnung in die Tiefe ist enorm. Ich würde trotz des Risikos der Hemiparese eine komplette Entfernung anstreben. Zeitpunkt hängt vom Gewicht ab und dem Mut des Zentrums. Generell so früh wie möglich.

Damit war Lenis Diagnose im Grunde bestätigt worden. Die Vorstellung, dass sie möglicherweise eine Halbseitenlähmung in Kauf nehmen musste, um hoffentlich anfallsfrei zu sein, war ein weiterer Schlag.

Abends, als ich mit ihr allein war und sie auf mir lag, versuchte ich mir vorzustellen, wie sich ihr Leben mit einer Hemiparese anfühlen würde – falls es wirklich so weit kommen würde. Irgendwie musste ich an Hummeln denken, diese Tierchen, die aufgrund ihres Gewichts und der Flügelfläche eigentlich nicht in der Lage sein sollten zu fliegen. Doch sie haben eine Technik entwickelt, bei der sie mit den Flügeln rotieren, und schaffen es so trotzdem zu fliegen. Leni, so sagte ich mir, würde es genauso machen. Sie wusste ja nicht, wie andere Kinder das normalerweise anstellten. Also würde sie ihren eigenen Weg finden, um zu laufen und aktiv am Leben teilzuhaben. Und wir würden unsere kleine Hummel in allem unterstützen, was uns möglich war.

♡ ♡ ♡

Unser Klinikaufenthalt zog sich hin. Immer öfter übernahm Markus Leni tagsüber, sodass ich Zeit mit Leon verbringen, mit ihm spielen und kuscheln konnte. Wir zwei vermissten einander ganz schlimm. Mir war klar, wie schwierig es für ihn sein musste, dass seine Alltagsroutine so durcheinandergeriet und er mich vergleichsweise selten sah.

Ich selbst baute physisch immer mehr ab und bekam heftige Magen- und Bauchschmerzen, doch ich verdrängte sie. Eines Nachts halluzinierte ich, stand auf der Station, verwirrt, weil Leni schlief. Die Schwester fragte mich, was ich denn da mache. Ich war über-

zeugt gewesen, sie hätte mich gerufen, aber das hatte ich mir nur eingebildet. Die Schmerzen wurden schlimmer, zogen sich in meinen Unterbauch. Ich bekam Fieber. Als die Schmerzen von der Intensität her Wehen glichen, schrieb ich meiner Hebamme. Sie drängte mich, sofort abklären zu lassen, ob alles in Ordnung sei. Das war es jedoch nicht. Es stellte sich heraus, dass ich einen Blutstau in der Gebärmutter hatte, der dringend behandelt werden musste, vermutlich wegen des ständigen Sitzens. Hätte ich noch vierundzwanzig Stunden gewartet, dann hätte ich eine Blutvergiftung bekommen. Ich begriff, dass ich lernen musste, trotz aller Sorge um Leni auf mich zu achten, mich selbst nicht zu vergessen, um weiter für sie und Leon da sein zu können. Ein Thema, das ich mit vielen pflegenden Eltern gemeinsam hatte. Doch Liebe und Nähe waren das Einzige, was ich Leni in diesen schweren Tagen geben konnte. Und so schob ich die Lektion bis auf Weiteres auf.
Am 26. Juni, als Leni gerade mal zwei Wochen alt war, wurden wir aus dem Krankenhaus entlassen. Die Schwester hatte uns den Arztbrief übergeben, ich öffnete ihn noch im Auto auf der Rückfahrt:

Auszug aus dem Arztbrief vom 26.06.2023

Diagnose: Strukturelle fokale Neugeborenenepilepsie
Verdacht auf Fokale Corticale Dysplasie (FCD), am ehesten Typ II, rechtshemisphärisch

Ein seltsames Gefühl, es schwarz auf weiß zu lesen. Ein paar Buchstaben, aneinandergereiht, in denen so viel steckte: Schmerz, Angst, Unsicherheit. Ein Funken Hoffnung.

♡ ♡ ♡

Die folgenden Wochen waren ein ziemliches Auf und Ab. Immer wieder landeten wir auf der Intensivstation, weil Lenis Krämpfe nicht nachließen, im Gegenteil. Die Medikamente schlugen einfach nicht an. Und es waren ja nicht bloß die Krämpfe. Es war das Gesteche, weil wieder Blut abgenommen werden musste, das erneute Legen eines Zugangs am Kopf, ein weiteres EEG, noch ein Ultraschall, wieder ein MRT. Leni musste so viel aushalten, sie krampfte, schlief erschöpft ein, wachte nach Minuten oder Stunden auf und krampfte aufs Neue. Das einzig Positive war, dass Lenis Anfälle ihr Gehirn nicht beeinträchtigen würden. Ihr drohte zu diesem Zeitpunkt keine Gefahr. Doch es war offenkundig, dass sie unter ihrer Krankheit litt. Die Anfälle ließen ihr so gut wie keinen Raum mehr, ihr Babyleben zu leben, ihre Umgebung zu entdecken, zu lachen, zu glucksen, glücklich und zufrieden zu sein. Wann immer sich ein guter Moment bot, nutzten wir ihn, doch es waren so wenige. Und es tat weh, sie so leiden zu sehen. Als es Mitte August nach Bethel ging, freute ich mich einfach nur. Inzwischen hatte ich von Julia und auch anderen so viel Gutes über das Krankenhaus gehört, dass ich sicher war, dort würde Leni geholfen werden.

Markus und ich hatten die Zeit aufgeteilt, damit immer einer von uns beiden bei Leon sein konnte und auch Zeit für die Arbeit blieb. So kommunizierten wir es auch mit der Klinik: dass es eine Mama und einen Papa gab, die beide gleichermaßen involviert waren. Als Leni gerade mal sieben Wochen alt war, machte ich mich allein mit Leni auf den Weg nach Bethel. Auf der dreistündigen Fahrt krampfte sie immer wieder, auch in Bethel, als wir ein Zimmer zugewiesen bekamen. Wobei es diesmal nur der kleine linke Finger war. Doch ich

hatte inzwischen fast zwei Monate lang Anfälle beobachtet und reagierte reflexhaft auf das kleinste rhythmische Zucken.
Vom ersten Moment an fühlte ich mich in Bethel wohl und aufgehoben, was an all den wunderbaren Menschen lag, die dort arbeiteten und sich intensiv um die Patienten kümmerten. Ich hatte den Eindruck, dass die Ärztinnen und Ärzte uns auf Augenhöhe begegneten. Uns ernst nahmen. Eine Erfahrung, die nicht selbstverständlich war, wie ich von Eltern wusste, die in anderen Krankenhäusern als hypochondrisch oder überbesorgt abgewiesen worden waren.
Gleich am ersten Tag bekam ich einen Plan für die anstehenden Untersuchungen und die Termine der Arztgespräche. Ich merkte, dass mir diese Struktur half und mir einen Teil meiner Unsicherheit und meiner Angst nahm. Vor Lenis erstem MRT hatte ich kaum schlafen können vor Sorge, dass ihre Atmung kollabieren könnte. Hier relativierte es sich zu einer notwendigen Untersuchung, die mit aller Sorgfalt durchgeführt wurde, doch gemessen an der ganzen Bandbreite der Eingriffe, die vor Ort durchgeführt wurden, eher Routine war. Wobei alle ein besonderes Auge auf Leni hatten, die die jüngste Patientin überhaupt war.

Als Erstes stand das Aufnahmegespräch an. Ich erzählte unsere Geschichte, beschrieb in allen Einzelheiten die Krampfanfälle und hatte ein Menge Bildmaterial dabei, worum das Krankenhaus mich extra gebeten hatte. Video-EEGs spielten hier eine große Rolle in der Diagnostik. Schon der Koblenzer Arzt hatte von der Art des Anfalls her auf das betroffene Hirnareal geschlossen; hier geschah es noch exakter, weil sich eine Ärztin ganz auf diese Form der Diagnostik konzentrierte.

Als ich Lenis Epileptologen kennenlernte, wusste ich auf Anhieb, dass wir in absolut kompetenten Händen waren. Man spürt es, wenn ein Mensch sich ganz seiner Arbeit verschrieben hat. Dass sein Herz für die an Epilepsie erkrankten Kinder schlug, war in jeder seiner Gesten und in jedem seiner Worte zu erkennen. Ich rechnete es ihm hoch an, dass er auch mit mir so ehrlich und zugleich empathisch umging. Bevor er die Diagnose aus Koblenz bestätigen konnte, standen ein Video-EEG, ein Kopf-Ultraschall und ein MRT an. Während Leni ein weiteres Mal die Prozedur durchlief, spürte ich mit einem Mal eine große Dankbarkeit in mir. Es war wirklich Glück in all dem Unglück, dass wir nach Lenis erstem Anfall im Kemperhof aufgenommen worden waren, wo der Arzt so hochprofessionell war und sofort erkannt hatte, woran Leni erkrankt war – eine Diagnose, die nur sehr wenige Ärzte anhand des Standard-MRTs hätten stellen können. Binnen einer Woche war die Bestätigung seines Kollegen eingetroffen. Und jetzt waren wir hier, in Bethel, um einen Behandlungsplan zu bekommen, sodass Leni endlich geholfen werden konnte. Vielleicht hätte ich mir Sorgen machen sollen. Was sich anfühlte wie eine Sonderbehandlung, war in Wahrheit der Schwere und Dringlichkeit ihrer Erkrankung geschuldet. Doch in mir überwog die Dankbarkeit, auch während der kommenden Tage, in denen ich mein Baby mit seinen Kabeln im Kopf stundenlang in dem kleinen Krankenzimmer herumtrug, das ich nur im Ausnahmefall hätte verlassen können. Aber ich war umgeben von Profis, die sich ganz auf die Epilepsie konzentrierten, von engagierten Schwestern und Pflegern, die tagtäglich alles gaben und oft noch ein ganzes Stück mehr.

Und Leni wurde tatsächlich geholfen. Nachdem die Anfälle auf Video aufgezeichnet waren, wurden die Medikamente neu eingestellt, und zum ersten Mal seit Mitte Juni war sie anfallsfrei.

Ihr Arzt fasste mich jedoch nicht mit Samthandschuhen an, sondern machte sehr deutlich, dass es sich um eine medikamentenresistente Form der Epilepsie handle. Leni mochte zehn Stunden, zehn Tage, zehn Wochen, zehn Monate, vielleicht sogar zehn Jahre anfallsfrei sein, aber die Epilepsie würde bei einer so großen strukturellen Veränderung niemals Vergangenheit sein. Sie würde immer zurückkehren, ohne Vorwarnung vielleicht, und dann stünden wir vor der Entscheidung, Leni doch operieren zu lassen und ihr so viel wegzunehmen, woran sie zu diesem Zeitpunkt gewohnt wäre. Ich musste an Leon denken, seinen Bewegungsdrang, die Freude, die er versprühte, wenn er hoch hinauf kletterte, sprang, rannte, hüpfte. Leni würde das vermutlich nie in dem Maße und vor allem nicht mit der Selbstverständlichkeit tun können. Aber es Leon jetzt wegzunehmen, wo er es sich selbst erobert hatte, wäre brutal. So wie es Leni gegenüber brutal wäre, ihr ein normales Leben zu ermöglichen, aber lediglich auf Zeit. Zumal, wie ihr Arzt mir erklärte, es möglich sein könnte, dass die Anfälle auf die gesunde Hirnhälfte übergriffen. Und es ging ja auch nicht bloß um Hüpfen und Springen, es ging auch um den Schmerz, den ein Kind erlitt – den physischen der Operation wie den psychischen, wenn es begriff, dass es vom einen auf den nächsten Tag anders war.

Die Realität war hart. Aber Markus und ich waren bereit, sie anzunehmen. Sie zu leugnen und die Entscheidung für eine Operation aufzuschieben, wäre letztlich egoistisch gewesen. Denn noch war Leni so klein und ihr Gehirn befand sich noch so sehr in der Entwicklung, dass es dank der Neuroplastizität neue Synapsen bilden konnte, neue Bahnen und Verknüpfungen, um Defizite auszugleichen. Diese Chance durften wir ihr nicht nehmen, auch wenn es uns eine Riesenangst einjagte, sie einer so großen Operation auszusetzen.

Als schließlich alle Untersuchungsergebnisse vorlagen, zeigte sich der strukturell veränderte Bereich ganz klar abgegrenzt. Ließen wir eine reine Medikation als Behandlungsmaßnahme außer Acht, blieben uns drei Möglichkeiten: Wir könnten uns für eine reine Läsionektomie entscheiden, bei der einzig das veränderte Gewebe – die Läsionen – entfernt werden würde. Das barg das Risiko, dass Ausläufer der Gewebeveränderung unerkannt blieben und weiterhin für Anfälle sorgten. Die zweite Möglichkeit war eine erweiterte Läsionektomie. Hierbei würde etwas großzügiger um das veränderte Gewebe herumgeschnitten werden, um mögliche, im MRT noch nicht sichtbare Veränderungen mit zu entfernen. Es war die sicherere Variante, die Leni zwar mehr von ihrer Motorik nehmen würde, aber Anfallsfreiheit versprach. Die dritte Möglichkeit war eine Hemisphärotomie, die strukturelle Abtrennung einer Hirnhälfte (Hemisphäre). Es war die gleiche Operation, die auch Julias und Nadines Töchter hinter sich hatten. Doch so, wie sich Lenis MRT darstellte, wäre ein solch großer Eingriff zu diesem frühen Zeitpunkt nicht notwendig. Markus und ich waren uns einig. Wir würden in eine erweiterte Läsionektomie einwilligen. Sie schien uns der sicherste Weg für unser Baby.

Epilepsiechirurgische Operationen

1. Erweiterte Läsionektomie

Wenn Anfälle immer von einer Region des Gehirns in einer Hirnhälfte losgehen, ist häufig verändertes Gehirngewebe – eine „Läsion" im Sprachgebrauch der Mediziner – der Auslöser. Dabei kann es sich z. B. um eine Narbe, einen Tumor oder eine Fehlbildung des Gehirns handeln, die man mit der MRT-Untersuchung finden kann. Anfälle entstehen aber nicht aus Narben oder Tumorzellen, sondern aus einem Netzwerk von gestört funktionierenden Nervenzellen in deren Umgebung. Die epileptische Funktionsstörung breitet sich dann auf die damit verbundenen, gesunden Nervenzellen des Gehirns aus. Um eine Epilepsie erfolgreich durch eine Operation zu behandeln, muss daher nicht nur das im MRT erkennbar veränderte Gewebe entfernt werden („ektomie" = operative Entfernung), sondern auch das Netzwerk in der direkten Umgebung, in dem die Anfälle starten. Dies nennt man eine „epilepsiechirurgisch erweiterte Läsionektomie" im Gegensatz zu einer Operation, die ausschließlich erkennbar verändertes Gewebe entfernt („Läsionektomie").

2. Hemisphärotomie

Wenn Anfälle im Alter von wenigen Tagen, Wochen oder Monaten beginnen, ist häufig ein sehr ausgedehntes Netzwerk von gestörten Nervenzellen die Ursache. Dies kann man manchmal sehr klar in Form einer großen Narbe in einer Hirnhälfte (Schlaganfall vor Geburt) oder einer in ihrem Aufbau sehr veränderten Hirnhälfte im MRT sehen. Es gibt aber auch Situationen, in denen man die Veränderungen im Aufbau der Nervenzellschichten der Hirnrinde im MRT in den ersten Lebensmonaten nicht komplett erfassen kann. In diesen Situationen geht es darum, den Kindern die Chance auf eine Entwicklung mit den Möglichkeiten ihrer intakten Hirnhälfte zu geben – ohne Anfälle und ohne dauerhafte Medikamente. Dazu werden alle Verbindungsbahnen zwischen den beiden Hirnhälften sowie alle Verbindungsbahnen der kranken Hirnhälfte zum Körper durchtrennt. Vor mehr als 50 Jahren hat man mit dem gleichen Ziel das gesamte Gewebe einer Hirnhälfte entfernt. Es hat sich gezeigt, dass man mit den Techniken der Durchtrennung von Bahnen (Hemisphärotomie: „Hemisphäre" = Hirnhälfte, „-tomie" bedeutet „schneiden") anstelle der Entfernung (Hemisphärektomie: „-ektomie" bedeutet „herausschneiden") dasselbe Ziel mit weniger Komplikationen erreichen kann. Heute ist die Hemisphärotomie – also eine Operation, von der man beim ersten Hören denkt, dass sie mehr schaden als nützen würde – eine der weltweit wichtigsten Operationsmethoden zur Behandlung von sehr schwer therapierbaren Epilepsien, insbesondere bei Säuglingen und Kindern mit ausgedehnten Veränderungen einer Hirnhälfte.

Liebe Leni,

wenige Kinder brauchten schon so früh wie du ein Langzeit-Video-EEG. Innerhalb von einer Woche wurde alles, worüber wir die letzten Wochen gesprochen hatten, Realität.
Erweiterte Läsionektomie, Entfernung des strukturell veränderten Gehirngewebes in deinem Kopf. Danach wirst du eine Hemiparese haben, also halbseitig gelähmt sein. Mit etwas Glück wird nur deine Hand zu einer wirklichen Einschränkung, und der Rest wird von deinem noch so kleinen und plastischen Gehirn übernommen. Es ist verrückt, dass mich eine Lähmung so ruhig und beinahe entspannt werden lässt, wenn das der Preis für ein anfallsfreies Leben ist. Auch wenn deine Epilepsie erst acht Wochen Teil unseres Lebens ist, habe ich schnell verstanden: So kannst du und so können wir nicht auf Dauer leben. Teilweise dreißig Anfälle am Tag, manche sogar dreißig Minuten. Viele kaum zu erkennen, nur wenn man dich kennt.
Alle sind so nett zu dir und vor allem so hoffnungsvoll. Du hast sehr gute Chancen, da wir jetzt schon hier sein dürfen. Da wir deine Krämpfe direkt als solche erkannt haben, die Kinderklinik direkt deine FCD und deine Epilepsie eingeordnet hat und den sofortigen Kontakt nach Bielefeld hergestellt hat, durften wir jetzt schon mit gerade mal sieben Wochen die prächirurgische Diagnostik machen. Ja, wir DURFTEN. Denn worauf andere Menschen monate-, sogar jahrelang warten, darauf mussten wir nicht mal drei Wochen warten. Kein gutes Zeichen, oder? Je schneller, umso schlimmer. Aber ich habe keine Angst. Egal, was

uns erwartet und welche Behinderung du aus dieser Operation mitbringst: Wir möchten ein anfallsfreies Leben für dich, Leni. Dank der neuen Medikamente bist du gerade anfallsfrei, und ich hoffe, dass wir nie wieder einen einzigen Anfall erleben müssen.

Ich liebe dich!

Deine Mama

KAPITEL 5

AUF DER ACHTER-BAHN DER GEFÜHLE

Es war Mitte August, als Markus mit Leni aus Bethel zurückkehrte. Sie war nun seit mehreren Tagen völlig anfallsfrei, und wir konnten unser Glück kaum fassen. Nach einem solchen Tief wie in den vergangenen Wochen fühlte sich dieses Hoch extrem an. Wir verdrängten den Schock ganz weit aus unseren Köpfen und ließen uns vom Leben mitreißen.

Leni blühte richtig auf. Die Medikamente waren so kombiniert worden, dass sie weder müde machten noch ihr Bewusstsein trübten. Es schien, als wollte sie in ihrer Entwicklung alles aufholen, was wegen der Anfälle brachgelegen hatte. Ihre Lebensfreude und ihre Neugier waren immens, sie eroberte sich einen Meilenstein nach dem anderen. Fast jeden Tag hatte sie Physiotherapie, damit sie bis zur Operation alles aufholen konnte und sich altersgerecht entwickelte. Sie begann zu greifen, nahm ihre Umgebung aufmerksam wahr, lachte uns an – alles Dinge, die für andere Eltern normal sein mochten, für uns aber einen unbeschreiblichen Wert hatten. Seit ihr Schicksal uns klar vor Augen geführt hatte, dass nichts selbstverständlich war, freuten wir uns an der Magie der kleinen Dinge. Lenis Brabbeln, ihr Glucksen, dass sie ihr Köpfchen eigenständig heben konnte ... das bedeutete uns die Welt. Mit jedem anfallsfreien Tag fassten wir mehr Mut, fuhren schließlich nach Aachen zu meiner Mutter, die überglücklich war, Leni wiederzusehen, und verbrachten Zeit mit Markus' Eltern. Und wir trafen endlich unsere Freunde, die Leni zum Teil bisher nur von Fotos kannten.

Natürlich war uns bewusst, dass diese Zeit begrenzt war und Lenis Gehirnoperation im Laufe der nächsten Monate anstand. Doch gerade deshalb richteten wir den Fokus auf all die vielen wunderbaren Momente in der Gegenwart. Die Zeit auf der Intensivstation hatte uns in einen Schnellkurs „Realität" geschickt: Wir hatten begriffen, dass nichts, aber auch gar nichts im Leben selbstverständlich war.

Natürlich gab es Momente, in denen wir haderten. Wenn wir sahen, wie Leni ein Spielzeug von der rechten in die linke Hand wandern ließ, sich in Bauchlage auf ihre beiden Hände stützte und schließlich Anstalten machte, sich über beide Seiten zu drehen, dann war uns bewusst, dass diese Freiheit, mit der sich ihre Motorik entfaltete, bald eingeschränkt werden würde. Dass Leni Grenzen erleben würde, die die meisten anderen Kinder nicht kannten.

Doch wann immer ich mit Freundinnen und Freunden über die Operation und deren Folgen sprach, erklärte ich, dass ich letztlich eine Entscheidung treffen musste: ob mein Kind Gefahr lief, dass die Anfälle für den Rest ihres Lebens unkontrollierbar wären, die linke Seite ihres Körpers wegen der Dysplasie nicht normal funktionieren würde und Leni kognitive Störungen hinnehmen müsste, weil eine schwere Epilepsie die Entwicklung des Gehirns für immer stört – oder ob sie dank einer Läsionektomie anfallsfrei leben könnte, integriert in unseren Alltag, mit motorischen Einschränkungen, aber ihrem gesamten geistigen Potenzial. Markus und ich waren uns einig, was wir für uns wählen würden, und unsere Freundinnen und Freunde ebenfalls.

Es war eine glückliche Zeit, die ihr und auch uns geschenkt wurde. Wie lange sie andauern würde? Das konnten wir nicht vorhersehen, da ihre Erkrankung so unberechenbar war. Und so taten wir das, was viele Menschen tun, die mit Krankheit, Tod oder Verlust konfrontiert sind: Wir konzentrierten uns ganz auf den gegenwärtigen Moment. Für alles andere – die Angst um unser Baby, den Schmerz, Leni etwas wegnehmen zu müssen, den Abschied von unserem normalen Leben – würden wir später Zeit haben.

♡ ♡ ♡

Seit Lenis Diagnose hatten wir einige Entscheidungen getroffen, um dem Leben, das auf uns wartete, gerecht werden zu können. Dazu gehörte auch, dass wir den geplanten Hausbau absagten. Die Vorstellung dessen, was ein Traumhaus war, hatte sich bei Markus und mir völlig verändert. Letztlich konnten wir nicht vorhersehen, wie Leni sich nach der Operation motorisch entwickeln würde und welche Bedürfnisse sie hätte. Das Zuhause, das wir uns wünschten, sollte in allererster Linie ein Ort sein, in dem wir alle zusammenleben und uns wohlfühlen konnten. Außerdem hätten in der nächsten Zeit die Bagger auf unserem Grundstück gestanden, und die Bauphase hätte begonnen. Solch ein Projekt mit einem kranken Kind zu vereinbaren, schien uns unmöglich. Zumal Leon einen Ortswechsel und damit auch einen Wechsel seines Freundeskreises erleben würde. Das wollten wir ihm in einer so unsicheren Zeit nicht auch noch aufladen. Für uns war deshalb klar: Wir stoppen das Bauprojekt und bleiben in unserer Wohnung. Mit etwas Glück würden wir vielleicht ein anderes, passendes Zuhause für uns finden …

Anfang September stand die humangenetische Untersuchung an. Wie unser Koblenzer Arzt bereits angedeutet hatte, diente das Gutachten dazu, das klinische Bild, die MRTs und EEGs zu vervollständigen. Natürlich wünschte ich mir Klarheit, auch wenn dieser Blick in das Erbgut einem ein mulmiges Gefühl gibt, weil Dinge offengelegt werden könnten, von denen man vielleicht gewünscht hätte, sie nie zu erfahren. Andererseits entwickelte sich Leni so positiv und in derart rasantem Tempo, dass ich die Untersuchung eher als Punkt auf einer To-do-Liste behandelte, den ich abhaken wollte, damit die Operation wie geplant stattfinden könnte.

Als Erstes sollte ein humangenetisches Gutachten für Leni erstellt werden, und falls eine erbliche Mutation in ihren Genen gefunden werden würde, sollte Markus' und meine DNA aufgeschlüsselt werden. Wie zuvor in Bethel bekamen wir schnell einen Termin an einem humangenetischen Institut, was uns erneut den Ernst der Situation vor Augen führte.

Humangenetik bei Hirnanlagestörungen (FCD)

Bei einer Störung der Hirnanlage ist die Untersuchung genetischer Ursachen in manchen Fällen angeraten. Dies hat folgende Ziele:

- Finden der Ursache
- Präzision der Diagnose
- Mögliche Einschätzung des Schweregrads und Prognose des Erkrankungsverlaufs
- Personalisierte Ansätze für einen effektiven Behandlungsplan
- Beratung zur Familienplanung bei erblichen Formen der Epilepsie

Darüber hinaus tragen genetische Befunde zum Verständnis von Erkrankungen und ihrer wissenschaftlichen Erforschung bei. Dies kann helfen, in Zukunft bessere Behandlungsmöglichkeiten zur Verfügung zu haben.

Am Tag der Untersuchung sah sich eine Ärztin Leni ganz genau an, um mögliche optische Merkmale verschiedener genetischer Erkrankungen auszuschließen. Es folgte eine Blutabnahme, und anschließend wurde unsere gesamte Familienhistorie nach verschiedenen Krankheiten und deren Symptomen hin aufgeschlüsselt. Die eigentliche genetische Analyse brauchte Zeit, wir würden eine Weile auf das Ergebnis warten müssen. In diesem Moment war uns das gar nicht so wichtig. Viel lieber konzentrierten wir uns darauf, gemeinsam mit meiner Freundin Laura und ihrer Familie Urlaub zu machen. Es wurde eine wunderschöne Zeit. Wir ließen uns verwöhnen, wanderten, spielten ausgiebig mit den Kindern und schwammen im Pool. Nachdem ich auf der Intensivstation über Wochen hinweg von allem, was einen glücklichen Sommer ausmacht, völlig abgeschottet gewesen war, fühlte sich dieser Urlaub geradezu heilsam an.
Das Hotel gehörte einer guten Bekannten, die schließlich zu einer Freundin wurde. Sie war fast zur selben Zeit schwanger geworden wie ich, vor genau einem Jahr. Unsere beiden Kinder waren, was ihre Entwicklung betraf, auf dem gleichen Stand, so schnell hatte Leni all das aufgeholt, was die Anfälle ihr genommen hatten. Niemand merkte ihr an, was sie hinter sich hatte. Sie war ein so vergnügtes Baby, dass die traurigen und schmerzhaften Bilder vom Juni und Juli mehr und mehr verblassten. Doch unwillkürlich fragte ich mich, was in einem Jahr, in zwei Jahren sein würde, und es versetzte mir einen Stich.
Mein Kontakt mit pflegenden Eltern hatte sich verstärkt, und ich bekam von ihnen viele wertvolle Einblicke und Tipps. Ich sah aber auch eine Menge Leid, spürte die Belastung vieler Betroffener und ihr Gefühl, allein gelassen zu werden. Leni war noch ein Baby, es war klar, dass wir sie pflegten. Doch einige der Eltern hatten ältere Kinder mit schweren Formen der Epilepsie, die ihr Leben lang versorgt

werden müssten. Das machte Markus und mich auf eine Weise demütig. Demütig und auch dankbar, dass der medizinische Fortschritt Leni eine Operation ermöglichte, um das kranke Gewebe in ihrem Gehirn zu entfernen.

Am Abend meines Geburtstags schrieb ich Leni einen Brief. Dieses Mal waren meine Augen nicht verweint, und mein Angstlevel war heruntergefahren auf ein erträgliches Maß.

Liebe Leni, *16.9.23*

du bist in Österreich an meinem Geburtstag letztes Jahr entstanden, und dieses Jahr feiern wir ihn wieder in Österreich.
Dass wir überhaupt hier sein können, ist so wunderbar. Es ist so warm, und das gibt uns ein Stück des verlorenen Sommers zurück. Den halben Juni und den ganzen Juli bei 38 Grad hinter dicken Scheiben in den kalten Räumen der Intensivstation zu sitzen, hat Spuren hinterlassen. Eigentlich wollte ich mit dir in der Trage oder im Kinderwagen Eis essen gehen und Leon am Brunnen sitzen sehen.
Ich glaube, dass die Woche hier vor Ort im Kinderhotel unserer Freunde die schönste Woche unseres Lebens war. Leon und du jeden Morgen zusammen in unserem großen Bett, Frühstück Mittag Abend entspannt zusammen essen, auf dem Spielplatz toben, Autos fahren und einfach alles gemeinsam erleben. Für mich bist du das erste Mal ein ganz normales Baby. Zwar gibt es morgens

und abends deine Medikamente, aber sonst leben wir ein ganz normales Leben. Ich traue es mich kaum zu schreiben, aber ich habe komplett vergessen, wie es ist, mit Anfällen zu leben. Das Leben gerade ist schön, Leni. So frei, so ruhig, so entspannt und mit so viel Liebe. Wir sind eine kleine Familie, genau so, wie ich es mir immer gewünscht habe.

Deine Mama

♡ ♡ ♡

Als wir wieder zu Hause waren, meldete sich Bethel, um die prächirurgische Diagnostik zu besprechen, die im Oktober durchgeführt werden sollte. Schließlich fragte mich die Sekretärin, ob ich denn auch den genauen Operationstermin wissen wolle.

„Ja, natürlich", sagte ich irritiert.

Sie nannte mir den 20. November. So bald schon? Kurz drehte sich alles in mir. Ich hatte mit Januar oder Februar gerechnet, wenn Leni etwas größer wäre. Doch da sie einen so guten Allgemeinzustand hatte, sahen die Ärzte es als beste Möglichkeit an, sie frühestmöglich zu operieren. Mit fünf Monaten würde ihr Gehirn aufgrund der Plastizität die besten Voraussetzungen haben, um sich neu zu strukturieren.

Natürlich löste der Gedanke an die Operation eine Menge widersprüchlicher Gefühle in Markus und mir aus. Doch ich hatte erkannt, dass es im Leben nicht immer zwingend ein Entweder-oder sein muss: entweder glücklich sein oder zu Tode betrübt. Mir konnte das Herz wehtun, und ich konnte zugleich glücklich sein. Glücklich, weil Leni echte Optionen hatte, anfallsfrei zu bleiben. Weil sie leben würde. Weil wir, bevor es wieder ins Krankenhaus ging, zwei weitere wunderbare Monate zusammen verbringen konnten. Familienzeit, wie ich sie mir für meine Kinder und uns gewünscht hatte.

♡ ♡ ♡

Es war ein sonniger Morgen Anfang Oktober, ich stand in der Küche und machte Frühstück für Markus und mich. Ich war ein bisschen in Eile, denn ich wollte die Bowls auf dem Esstisch fotografieren, solange noch das warme Spätsommerlicht durch das Fenster fiel. Als ich gerade das Topping darübergab, klingelte mein Handy. Ich warf einen Blick darauf – es war das humangenetische Institut. Wochenlang hatte ich die Untersuchung verdrängt, jetzt war der Moment der Wahrheit gekommen. Mit zittrigen Händen nahm ich das Gespräch an. Die Humangenetikerin am anderen Ende der Leitung stellte sich kurz vor, dann sagte sie: „Wir haben etwas gefunden. Ich möchte gern einen Termin mit Ihnen ausmachen."
„Natürlich", stammelte ich, während ich Markus ein Zeichen gab und das Telefonat laut stellte. Angstschweiß sammelte sich an meinen Schläfen, ich wischte mir über die Stirn.
„Wie sieht es Donnerstag zehn Uhr in fünf Wochen aus?"
„Wie – in fünf Wochen?", fragte ich.
„Vorher ist leider nichts frei", sagte die Humangenetikerin. „Kann ich Sie da eintragen?"
„Moment … Was haben Sie denn gefunden?", hakte ich nach.

„Das kann ich Ihnen aus Datenschutzgründen am Telefon nicht sagen“, meinte sie.
„Aber ich kann doch nicht fünf Wochen warten, wenn Sie mir sagen, Sie haben etwas bei meinem Baby gefunden?“ Panik stieg in mir auf, Verzweiflung, auch Wut. Doch sie ging nicht auf mich ein, murmelte noch etwas, was ich nicht verstand, und beendete das Gespräch. Fassungslos sah ich zu Markus auf.
Und ich richtete alle Wut gegen mich selbst. Warum war ich so naiv gewesen und hatte das Thema verdrängt? Hatte ich ernsthaft geglaubt, ich könnte das Thema Genetik lockernehmen? Wie hatte ich den Test noch gleich genannt? Einen Punkt auf meiner To-do-Liste? Ich schlug mir gegen die Stirn. Hinter meinen Augen braute sich Verzweiflung zusammen. War Leni etwa noch schwerer krank? Reichte es nicht, dass sie ein Stück von ihrem Gehirn opfern musste? Niemals würde ich es aushalten, fünf Wochen in dieser Ungewissheit zu leben.
Für Markus war die Aussage der Humangenetikerin ein ebensolcher Schlag wie für mich. Doch er blieb ruhig, dachte laut nach und kam zu dem Schluss, dass fünf Wochen allein schon aus organisatorischen Gründen zu spät seien. Bethel hatte ausdrücklich darum gebeten, dass die Ergebnisse vorlägen, sobald die prächirurgische Diagnostik anstand. Und das war bereits in drei Wochen.
Wir riefen im Institut an, erklärten die Situation – und bekamen schließlich einen Termin am kommenden Montag.
Die folgenden Tage verschwanden hinter einem Nebel aus Angst. Erneut fühlte ich mich so machtlos, so ausgeliefert. Fehler im Bauplan der DNA zu beheben, war noch Zukunftsmusik. Was kam da bloß auf uns zu?

Als der Montag anbrach, versuchte ich mich mit aller Macht auf das anstehende Gespräch zu konzentrieren. Ich brauchte Informationen, hatte Fragen, und die würde ich in einem Zustand der Panik niemals angemessen über die Lippen bringen.

Wie sich herausstellte, hatte Leni tatsächlich eine genetisch bedingte fokale cortikale Dysplasie, die pathologisch war, also ihre Erkrankung verursachte. Die exakte Art der Mutation würde das Institut an Bethel weiterleiten. Im Grunde hatten wir das bereits vermutet. Es standen aber noch drei weitere mögliche Syndrome im Fokus: Erkrankungen, die mit epileptischen Anfällen einhergingen, jedoch in ihrer Schwere letztlich lebensverkürzend wären.

Da war es wieder, dieses Wort, das mir Panik bereitete wie kein anderes. Mein Gesichtsfeld zog sich zusammen, ich fokussierte mich darauf, zu atmen, während die Humangenetikerin auf die noch unklare Signifikanz hinwies. Kurz, es war nicht eindeutig, ob und falls ja, wann Leni daran erkranken würde. Eine Untersuchung unseres Erbguts würde jedoch weitere Anhaltspunkte geben. Wenn die Mutation bei uns gefunden werden würde, dann würde Leni nicht daran erkranken, da Markus und ich gesund waren. Wären wir jedoch keine Träger, würde es sich bei Leni um eine neue Mutation handeln. Dann bestünde die Möglichkeit, dass sie in den nächsten ein bis zwei Jahren daran erkrankte. Was hieße, dass wir all die Monate wie unter einem Damoklesschwert stünden, das jederzeit hinabsausen könnte. Ich konnte mir nicht vorstellen, wie wir das aushalten sollten. Und noch viel weniger wollte ich mir vorstellen, dass Leni früh sterben könnte.

Als wir an diesem Tag nach Hause kamen, googelte ich, bis mir der Kopf brummte, las wissenschaftliche Studien auf Englisch und durch-

forstete das Internet nach Bildern von Menschen, die an den infrage stehenden Syndromen erkrankt waren. Ich ertappte mich dabei, wie ich Leni ansah, mit diesem bohrenden Blick, der nach irgendwelchen möglichen Symptomen Ausschau hielt, statt sie in ihrem gesamten Wesen zu erfassen. Ich hasste es, dass ich nicht damit aufhören konnte und mich immer weiter hineinsteigerte. Ich machte mir Vorwürfe, denn ich hatte mich so lange in Sicherheit gewiegt und war völlig unvorbereitet gewesen. Als ob die FCD denn nicht reichte.
Als schließlich der Anruf vom Institut kam, waren meine Hände schweißnass, ich konnte kaum das Telefon halten.
Wir bekamen eine Entwarnung. Ich brach in Tränen aus, die Angst war einfach zu viel gewesen.

♡ ♡ ♡

Die folgenden Wochen vergingen wie im Flug. Markus und ich organisierten die Zeit, in der wir bei Leni im Krankenhaus sein wollten. Wenn alles gut ging, würde sie schon am zehnten Tag nach der Operation entlassen werden. Wir würden gemeinsam Advent feiern und Nikolaus, es uns gemütlich machen und uns Schritt für Schritt in unser neues Leben einfinden. Ich würde meine kleine Hummel gesund pflegen, ihre gelähmte Hand ins Spiel und ins Kuscheln einbinden und jeden Tag dankbar sein, dass Leni Teil unserer Familie war. Zusammen mit Leon und ihr würden wir eine ganz wunderbare Zeit erleben.

Liebe Leni,

wir sind heute drei Monate anfallsfrei, und wir sind glücklich. Du entwickelst dich toll, altersgerecht und genau so, wie du solltest. Du bist so eine Strahlemaus, und du machst uns vollständig. Das Gefühl, dass alles gut wird, ist jeden Tag allgegenwärtig, und wir freuen uns auf die nächste Zeit, auf die Zeit nach der Operation. Es liegt so viel Hoffnung in dieser Operation, dass danach alles gut ist, alles gut wird und nie wieder schlimm sein wird. Wir werden danach einige Baustellen haben, ja. Ich habe Angst, dich leiden zu sehen, deine Schmerzen und deine Verletzungen mit dir gemeinsam zu ertragen, aber die Hoffnung, dass die Operation dir für immer helfen wird, ist größer. Alle Daten sprechen dafür, dass die erweiterte Läsionektomie ausreichen und dir ein Leben ohne Anfälle bescheren wird. Wir haben schon geschaut, was du alles brauchen wirst, wie einen Therapiestuhl. Du wirst auch sicherlich zu Leon in die Kita können, wenn du viel von deiner Motorik zurückgewinnen kannst.
Liebe Leni, egal, wie schwer es wird, es wird danach gut. Und spätestens im Dezember feiern wir Weihnachten zusammen, und deine strahlenden Augen werden leuchten. ❤️

Deine Mama

Mit diesen Gedanken im Kopf stieg ich am Morgen vor Lenis OP ins Auto und machte mich auf den Weg nach Bethel. Leon würde es gut gehen, zusammen mit meiner Mutter. Leni würde die Operation hinter sich bringen. Sie würde starke Medikamente gegen die Schmerzen bekommen und die schlimmsten Momente einfach verschlafen, während ihr Körper zu heilen begann.
Dezember, sagte ich mir. Dann wäre alles gut.

TEIL II

Horror

KAPITEL 6

EIN STÜCK VOM GEHIRN

Die Nacht vor der Operation verbrachte ich mit Leni auf der Station im Krankenhaus Mara in Bethel. Am 20. November wurden wir morgens um 6:45 Uhr abgeholt und in die Neurochirurgie gefahren. Markus war bei uns.

Es war Montag früh, der OP-Plan war voll, und entsprechend herrschte viel Betrieb. Wir suchten uns einen Platz und warteten, Leni schlief fest in ihrem Autositz. Nach einer ganzen Weile kam ein Anästhesist auf uns zu und bat, dass wir in eigenen Worten erklärten, was mit unserer Tochter passieren würde.

„Bei Leni wird eine erweiterte Läsionektomie des Motorikzentrums vorne in der rechten Hirnhälfte gemacht, was eine Hemiparese auf der linken Seite zur Folge haben wird", sagte ich.

Am Vortag waren wir noch einmal von der Anästhesie und der Chirurgie ausführlich über die Operation selbst, die Risiken und die Folgen aufgeklärt worden. Natürlich jagte mir das Angst ein, doch ich zwang mich dazu, mich nicht hineinzusteigern, sondern das Ganze realistisch zu sehen. Lenis Epilepsie hatte bis zu diesem Augenblick ihre geistige und körperliche Entwicklung bedroht, aber niemals ihr Leben. Doch ich hatte noch sehr genau die Worte ihres Epileptologen im Ohr: Eine medikamentenresistente Epilepsie könnte zehn

Tage, zehn Wochen oder, in seltenen Fällen, auch zehn Jahre eingestellt werden, irgendwann jedoch käme der Punkt, an dem das nicht mehr der Fall wäre. Dann würden die Medikamente nicht mehr anschlagen. Lenis Leben würde von Anfällen beherrscht werden, und sie wäre allen Folgen und Gefahren einer nicht kontrollierten Epilepsie ausgesetzt, einschließlich einem höheren Risiko, jung zu sterben.

Der Anästhesist ließ uns ein weiteres Formular unterschreiben und meinte, Leni würde bald abgeholt werden. Mein Puls begann zu rasen. Wenn es um dein Kind geht, ist Angst stärker als jede Vernunft. Wenig später kam das Anästhesieteam und begleitete uns bis zur OP-Schleuse. Dort bat uns der Arzt, ihm Leni zu übergeben. Der Moment war schrecklich. Wir verabschiedeten uns leise von ihr, damit sie nicht aufwachte, und reichten ihm Leni im Autositz. Ich beugte mich noch einmal zu ihr, küsste ihre Stirn und ihr Händchen und flüsterte ihr ins Ohr, wie leid es mir tat, dass ich sie jetzt allein lassen musste. „Ich hoffe, du verzeihst uns später, dass wir dir das antun müssen, und verstehst, dass wir nur das Beste für dich wollten."
Der Anästhesist spürte, wie schwer es mir fiel, mein fünf Monate altes Baby abzugeben. Er drückte meine Hände und versicherte mir, dass sie gut auf Leni aufpassen würden.
„Es wird schon alles gut gehen", sagte er noch, und dann verschwand er mit Leni und seinem Team durch die Tür.

♡ ♡ ♡

Markus und mir war zum Heulen zumute. Doch es handelte sich um keinen Notfall, der uns kalt erwischte. Stattdessen hatten wir Monate gehabt, um uns innerlich auf die OP vorzubereiten. Alle in der Klinik und auch Julia und Nadine hatten uns geraten, uns abzulenken und etwas zu machen, was uns guttat. Vor allem mussten wir Kraft tanken für die Tage, die vor uns lagen. Also kehrten wir ins Hotel zurück, frühstückten, machten Sport. Dann zog es uns ins Freie, wir bummelten durch die Straßen Bielefelds. Später setzten wir uns in ein Restaurant und aßen Pasta. Wir redeten nicht viel; zwischen uns war alles gesagt, und Small Talk hätte sich seltsam angefühlt.

Je später es wurde, desto mehr spürte ich die Anspannung, unter der wir standen.
„Ich weiß irgendwie nicht, wohin mit mir", sagte ich zu Markus. „Lass uns doch schon mal zum Krankenhaus fahren."
Das taten wir dann auch. Über eine Stunde lang saßen wir schweigend im Wagen auf dem Parkplatz der Klinik. Dann hielten wir es nicht mehr aus, holten uns in der Cafeteria einen Kaffee und liefen auf dem Klinikgelände umher. Immer öfter wanderte mein Blick auf die Uhr. Warum meldete sich der Arzt nicht? War irgendwas passiert? Inzwischen hatte ich Todesangst. Mein Magen, mein Bauch krampften. Auf der Toilette musste ich mich übergeben.

Um 17:35 Uhr, als wir gerade vor dem Krankenhaus standen, ging das Telefon. Mein Herz pochte hart, während ich den Anruf entgegennahm. Es war der Chirurg.
„Leni hat die Operation gut überstanden", sagte er. „Sie ist gerade noch im MRT. So wie es aussieht, ist alles genau nach Plan gelaufen. Nach dem MRT wird sie auf die Frühchen-Intensivstation gebracht, da können Sie dann auf sie warten."

Markus und ich guckten uns einfach nur an. Dann brachen wir in Tränen aus und fielen uns in die Arme. Das Warten war die Hölle gewesen, jetzt fiel etwas vom Stress von uns ab.
Wir machten uns auf den Weg zur Frühchen-Intensivstation. Für so kleine Babys wie Leni mit einer derart schweren Operation gab es nur diese Intensivstation, auf der sie angemessen versorgt werden konnten. Markus und ich setzten uns in das Elternzimmer und warteten aufs Neue. Wir sahen, wie Leni in ihrem Krankenbett durch den Flur geschoben wurde. Dann durften wir endlich zu ihr.

In meinem ganzen Leben war ich noch nie derart überwältigt gewesen von einem Anblick. All die Eindrücke prasselten gleichzeitig auf mich ein. Leni war so winzig, wie sie da lag, an lauter Kabel und Schläuche angeschlossen.
Ich trat näher und erkannte mein Baby kaum wieder. Das Gesicht war angeschwollen, der Verband um den Kopf riesig. Am rechten Arm hatte Leni einen Zugang, er war zugepflastert, damit er nicht verrutschen konnte. Am Hals hing der Zentralkatheter, über den sie verschiedene Infusionen und Medikamente bekam. Die Stirn, die Ohren waren noch voller Jod. Und aus dem Mund führte eine Sonde. Wenigstens war sie nicht mehr intubiert.
Ich war völlig fertig. Wir hatten uns an die Epilepsiechirurgie geklammert, weil sie die besten Chancen versprach. Doch wie hart ein solcher Eingriff wirklich war, darauf hätte uns niemand vorbereiten können.
Ich wischte mir die Tränen aus den Augen, musterte Lenis süßes Gesicht – und stutzte. Da war so ein bitterer Zug um ihren Mund. Ich machte Markus darauf aufmerksam.

„Überleg doch mal, was sie gerade hinter sich hat", meinte er. „Und wie viele Medikamente sie intus hat."
Da hatte er recht. Doch meine Unruhe blieb.
Ich wäre am liebsten auf einem Stuhl neben ihrem Bett sitzen geblieben. Die Schwestern waren sehr lieb, sie erklärten uns, dass Leni noch sediert sei und wir besser ins Hotel gingen, um noch mal richtig zu schlafen und dann für sie da zu sein, wenn sie aufwachte.
„Sie können jederzeit anrufen und fragen, wie es ihr geht", versicherten sie uns.
Und so entschieden Markus und ich uns dafür, am nächsten Morgen in aller Früh zurückzukehren.
Es wurde eine unruhige Nacht für uns. Die Bilder von Leni hatten sich in unser Gedächtnis eingebrannt. Hoffentlich hatte sie keine Schmerzen.

♡ ♡ ♡

Am nächsten Morgen gegen sieben Uhr stand ich wieder an ihrem Bett. Und der Albtraum begann. Lenis Gesicht sah aus, als hätte sie in eine Zitrone gebissen. Ich bemerkte ein leichtes Zucken des Arms. Sofort schlug ich Alarm. Der Kinderepileptologe und der Chirurg kamen und untersuchten sie, aber sie konnten kein klares Anfallszeichen feststellen.
Als Leni schließlich die Augen öffnete, guckte sie mich nicht an. Doch alle Werte waren in Ordnung. Wenig später wurde sie auf die normale Station verlegt. Ihre Augen waren noch immer offen, aber sie starrte nur vor sich hin. Meine Unruhe wuchs. Die Ärzte und das Pflegeteam versuchten mich zu beruhigen. Ich begriff einfach nicht,

dass sie nicht schlief. Mit der hohen Dosis an Medikamenten, nach der schweren OP – warum war sie dauerwach?

Julia schrieb mir. Ihre Tochter hatte die gleiche Operation hinter sich.

Julia

Wie geht es dir?

Vanessa

Surreal, mir tut alles weh. Hab das Gefühl, ich werde richtig krank. Dieses Gefühl, auf den Anruf zu warten, und die Todesangst gestern waren krass.

Julia

Einfach die heftigste Anspannung jemals im Leben. Drück dich. ❤️

Julia versuchte, Zuversicht zu verbreiten. Doch Leni ging es schlechter. Sie erbrach heftig, wimmerte. Ich hielt es kaum aus, sie so leiden zu sehen. Wenn sie nicht erbrach, war ihr Kopf wie fixiert, sie bewegte ihn nicht. Der Blick war starr. Und ihre Augen tränten.

In diesem Moment war mir absolut klar, dass etwas nicht stimmte. Ich hatte Angst um Leni, darum, dass sie nie wieder so werden würde wie zuvor.

Die Ärzte suchten nach Erklärungen. Aus ihrer Sicht am wahrscheinlichsten waren Nebenwirkungen vom Cortison und Dipidolor, einem starken Schmerzmittel, das sedierend wirkte. Vielleicht, so hieß es, hätte sie ja auch Bauchweh, Blähungen, Unwohlsein.

Ich schüttelte bloß den Kopf. Mein Bauchgefühl sagte mir ganz deutlich, dass sie krampfte. Und wenn es stimmte, dann handelte es sich um eine ganze Anfallsserie. Dann wäre Leni in Gefahr. Doch noch immer blieben die klaren Anfallzeichen aus. Der Nystagmus, das rhythmische Zucken.

In dieser Nacht wachte Markus bei Leni am Bett. Ich war fertig mit den Nerven, schlief wie im Koma, war null erholt, als ich aufwachte. Sofort holte mich die Realität ein. Ich blickte auf mein Handy, sah nach, was Markus in den vergangenen Stunden geschrieben hatte. Lenis Zustand war unverändert.
Der Tag war extrem anstrengend, Leni kam einfach nicht zur Ruhe. Irgendwann war sie seit dreißig Stunden wach, der Blick weiterhin starr. Sie schien weder Markus noch mich zu erkennen, reagierte nicht auf uns. Wir hatten sie in einem guten Allgemeinzustand eingeliefert. Auf Medikamente angewiesen, ja, aber sie hatte sich altersgemäß entwickelt und war ein glückliches Baby gewesen. Sie so zu sehen, tat mir extrem weh. Aber hier ging es nicht um mich, es ging um Leni. Und ich … ich war nicht in der Lage, irgendetwas zu tun, damit es ihr besser ging, konnte ihren Schmerz, ihre Übelkeit nicht lindern. Ich schaffte es ja nicht mal, die Ärzte davon zu überzeugen, dass etwas nicht stimmte.

♡ ♡ ♡

In der Nacht auf Donnerstag blieb ich bei Leni. Markus zog sich zum Schlafen ins Hotel zurück. Wir schrieben noch ein wenig hin und her, er wünschte mir eine ruhige Nacht.

Ich halte Wache
Und beweg mich kein Stück
Ey, glaub mir, ich lasse dich niemals zurück …

„Ich halte Wache" … das war Lenis und mein Lied geworden. Und mehr, als Wache zu halten, an ihrer Seite zu sein, konnte ich nicht tun. Auch wenn es bitter war.
Leni weinte, schrie, wusste nicht, wie sie liegen sollte. Sie überstreckte sich, drehte sich aus der seitlichen Lage auf den Rücken und schrie wieder.
Ich wusste, ich hätte Markus wecken können, er wäre sofort gekommen, um mich zu unterstützen. Aber es war ja kein Ende abzusehen, wir mussten uns unsere Kräfte einteilen, bis Leni endlich loslassen und in den Schlaf fallen konnte. Oder bis klar wurde, was wirklich mit ihr los war.

Unspezifische postoperative Unruhe, vermutete die Kinderärztin. Was sollte mir das sagen? Wie sollte Leni das helfen?
Ich schrieb Markus auf WhatsApp, um die Nacht zu dokumentieren. Wenn er schlief, würde ich ihn nicht stören. Und ich konnte auf diese Weise etwas von den heftigen Gefühlen in meinem Innern loswerden, der Verzweiflung, die sich mehr und mehr in mir aufbaute.

Zwölf Wochen war sie anfallsfrei gewesen dank der Medikamente. Die Wochen davor waren in meiner Erinnerung noch sehr lebendig.

Vanessa, 23. November 2023

00:40
Sie schläft einfach nicht. Strampelt die ganze Zeit.
Fällt immer von der Seite auf den Rücken und kommt null klar.
Sie tut mir so leid.

02:53
Ich kann nicht mehr.

02:53
Sie schläft nicht. Alles piept. Keine Sekunde Ruhe.
Ich breche gleich zusammen, ehrlich …

03:06
Leni ist hellwach. Andauernd fällt der Sauerstoff kurz ab,
das Ding löst sich vom Fuß.

03:07
Mir ist so kalt vor Müdigkeit, und ich weiß nicht mehr,
was ich noch machen soll, damit sie endlich mal
2–3 Stunden am Stück schläft und ich auch.

03:25
Ich kann wirklich nicht mehr. Ich stehe seit 20 Uhr neben
ihrem Bett. Egal auf welche Seite ich sie drehe,
Schnuller, trinken, nichts hilft. Bin komplett ratlos.

03:38
Hat wieder erbrochen. Bekommt jetzt Novalgin.

04:36
Die Ärztin war da und ihr Chirurg am Telefon.
Leni hat viel erbrochen und Durchfall.
Jetzt sieht es aus, als würde sie endlich schlafen.

04:48
Und wieder schreit sie und weint.

05:06
Sie schläft nicht und weint nur. Ich kapituliere.

05:16
Sie schreit nur.

05:21
Die Ärztin kommt wieder. Irgendwas stimmt nicht mit Leni. Machen sich Sorgen um sie.

07:32
Erkenne sie kaum wieder.

07:37
Mein Herz tut so weh. Ich hab solche Angst um Leni ... Das ist nicht mal der fehlende Schlaf bei mir, das ist die Angst.

Ich musste an das leichte Zucken nach ihrer U2 denken. An den Sonntag, als zum ersten Mal die Notärztin kam. Die Anfallsserien danach. Ich hätte nicht eindeutig sagen können, was es war, was mich an diese Zeit erinnerte, aber etwas in mir gab einfach keine Ruhe. Doch was tust du, wenn dein Bauchgefühl schreit, das ist ein Anfall, und keiner nimmt dich ernst?
Leni ging es auch den gesamten Tag über nicht besser. Ab und an schlief sie für ein paar Minuten, um dann wieder aufzuwachen, zu schreien, zu wimmern.

Völlig fertig fuhr ich am frühen Abend ins Hotel. Ich wusste nicht mehr, wann ich das letzte Mal geschlafen hatte. Meine Wahrnehmung verschob sich, der ganze Körper tat mir weh.
Warum hatte ich Leni nicht beschützen können?

♡ ♡ ♡

Seit Lenis Anfällen im Sommer schlief ich in Kleidung. Mehrmals hatte ich nachts im Krankenwagen mitfahren müssen und keine Zeit gehabt, mir etwas Warmes anzuziehen. Angst haben, übermüdet sein, frieren, das war keine gute Kombination. Ich wollte für den Notfall bereit sein. Daran hat sich bis heute nichts geändert.
Auch an diesem Abend legte ich mich in Sporthose und Hoodie ins Bett. Es war erst kurz vor sieben, aber ich konnte nicht mehr. Ich wollte einfach nur schlafen. Und ich hoffte, dass auch Leni die Augen schloss und endlich in den Schlaf fand.
Ich hatte gerade die Augen zugemacht, als das Telefon klingelte. Es war Markus.
„Vanessa, Leni geht es schlechter. Du musst herkommen."

KAPITEL 7

DUNKLE GEDANKEN

Leni krampfte wieder.
Ich hastete zum Auto. In mir drehte sich alles. Ich hatte es gewusst! Seit drei Tagen hatte ich gewusst, dass etwas nicht stimmte. Aber mein Bauchgefühl zählte nicht. Weil die verdammten klinisch relevanten Anzeichen gefehlt hatten. Wut, Verzweiflung, Panik packten mich … Allein im Auto, schrie ich mir die Seele aus dem Leib. Es war zu viel!
Markus schrieb mir:

Markus

Fahr bitte vorsichtig.

Vanessa

Ich hab jetzt 24 Stunden JEDEM DAS GESAGT!

Markus

Ich weiß. Du hast das gespürt.
ABER FAHR BITTE VORSICHTIG! Und langsam.

Ich legte das Handy zur Seite und gab Gas.

Die Erschöpfung der letzten Tage saß mir im Nacken. Aber das war nicht das Schlimmste. Das Schlimmste war Lenis Wimmern, ihr Weinen, das Schreien. Dein Baby starrt durch dich hindurch, und du kannst nicht zu ihm durchdringen. Du bist komplett hilflos, komplett nutzlos.
Ich konnte nicht mehr! Das hörte sich völlig verkehrt an, natürlich kann man dann doch immer irgendwie durchhalten, indem man Reserven mobilisiert, von denen man nicht wusste, dass man sie hat. Ich hatte ja keine Ahnung gehabt, wie stark ich sein konnte, wie stark ich sein musste. Doch jetzt ... jetzt war es wirklich zu viel. Der ganze Kummer, die Angst um Leni taten mir körperlich weh. Die letzten Tage waren heftig gewesen. Und immer kam noch etwas dazu. Warum ging es ihr nicht besser? Warum musste sie so viel aushalten? Hörte das denn nie auf?
Dunkle Gedanken erfassten mich. Als ich den gewundenen Waldweg zur Klinik entlangraste, hätte ich am liebsten das Steuer verrissen, wäre gegen einen Baum gefahren. Nur, damit dieser elende Schmerz in meinem Innern aufhörte.
Das Telefon plingte. Mein Puls beschleunigte sich. War das Markus? Was war los? Ich griff danach, doch es war eine Nachricht von meiner Mutter. Ich fuhr an den Seitenrand und hielt kurz an. Sie hatte mir ein Bild von Leon geschickt, wie er auf seinem Bett mit dem Himmel saß, den wir aus Tüchern drapiert hatten. Er trug seinen Schlafsack mit den Walen drauf. Darunter stand: „Gute Nacht, Mama. Hab dich lieb!"

Sein Bild schnitt mir ins Herz. Ich fing an zu weinen. Was hatte ich da gerade eben bloß gedacht? So war ich doch nicht. Als ob ich Leon und Leni jemals allein lassen könnte. Ich hatte beiden mein Wort gegeben, dass ich auf sie aufpassen würde. Niemals könnte ich ihnen solchen Schmerz zufügen. Ich liebte sie, liebte Markus, mein Leben. Ich musste wie schon so oft an Leon denken, wie er auf der Couch gesessen hatte bei Lenis erstem Anfall. Er war so stark gewesen, für Leni, für uns. In diesem Moment war er wie mein Anker, an dem ich mich festhielt. Wenn er es mit seinen nicht mal zweieinhalb Jahren geschafft hatte, stark zu sein, dann musste ich das verdammt noch mal auch hinkriegen. Etwas anderes hatte er nicht verdient. Ich wischte mir die Tränen weg, atmete zitternd durch.

Im nächsten Moment rief Markus an. „Du brauchst nicht zu rasen“, sagte er. „Leni ist sediert worden.“ Der Anfall war mit Chloralhydrat, einem starken Schlafmittel, dem Antiepileptikum Levetiracetam und Midazolam, einem Benzodiazepam, unterbrochen worden. Wenigstens bekam sie so nichts von alldem mit.
Ich fuhr weiter, wollte bloß zu ihr. Noch immer umkreisten mich dunkle Gedanken, doch ich würde mich der Situation stellen. Wenige Minuten später traf ich bei der Klinik ein und lief zu Lenis Krankenzimmer.

♡ ♡ ♡

Markus stand am Bett, ich trat zu ihm. Lenis Gesichtszüge hatten sich entspannt, zum ersten Mal seit der OP schaute sie nicht mehr so bitter. Markus erzählte mir, dass Leni um 19:15 Uhr klinisch eindeutige Anfallsmerkmale gezeigt hatte, mit einem Nystagmus der Augen. Endlich war der Notfall ausgerufen worden, auf den ich die ganze Zeit gedrungen hatte. Der Arzt hatte gleich für den nächsten Morgen ein MRT angesetzt, das uns Klarheit geben sollte.

Markus und ich betrachteten Leni. Sie hatte schon so viel hinter sich. Den ganzen Schmerz nach der OP, das Erbrechen und die Unmengen an Medikamenten. Sie war doch noch ein Baby.
Die Realität war hart. Der Eingriff hatte ganz offensichtlich nicht dafür gesorgt, dass sie anfallsfrei war. Das Gegenteil war eingetreten. Wir waren es gewesen, die für Leni entschieden hatten, dass sie operiert würde. Weil wir gedacht hatten, es wäre das Beste für sie. Was hätten wir stattdessen tun sollen? Was wäre das Beste gewesen?
Wir hatten so viele Fragen, die uns zu diesem Zeitpunkt niemand beantworten konnte. War es der Schmerz, der den Anfall ausgelöst hatte, so wie schon im August beim Blutabnehmen? Wann hatte der Anfall wirklich begonnen? War sie in einem Status epilepticus gewesen? Wenn ja, seit wann? Und welche Auswirkungen hatte das auf sie gehabt?
Wieder hieß es warten, und wieder würde Leni für das MRT in Narkose gelegt werden müssen.

Ich fühlte mich so leer. Irgendwann konnte ich vor Erschöpfung kaum noch stehen. Leni war durch die Medikamente nach wie vor benommen. In dieser Nacht konnte ich nichts für sie tun. Markus würde wie geplant bei ihr bleiben, also fuhr ich ins Hotel zurück. Ich musste dringend ein paar Stunden schlafen.
Doch meine Gedanken kreisten pausenlos um Leni, um unsere Zukunft, unser Leben.

Vanessa

*Kannst du noch was ansprechen?
Ich hatte heute den Tag über das Gefühl,
dass sie uns nicht erkennt.*

Markus

Ja, das sprechen wir morgen noch an.

Vanessa

Ist das auch dein Gefühl?

Markus

*Vermisse halt ihr Lächeln. Hat sie seit der OP
nur einmal gemacht.*

Vanessa

Hast du das Gefühl gehabt, sie erkennt dich?

Markus

Ich weiß es nicht.

Vanessa

*Ich möchte einfach nur meine Leni wiederhaben.
Meine süße happy Leni,
die das Leben liebt und einfach nur Zucker ist.*

Markus

Ich auch.

♡ ♡ ♡

Die Risiken zu kennen, heißt nicht, gewappnet zu sein. Als ich Leni geboren hatte, einfach von der Natur, den Hormonen, dem Glück getragen, hatte ich mich in dieses kleine Wesen schockverliebt. Völlig ungeschützt war ich in diese Mutter-Kind-Beziehung hineingegangen, von Anfang an. Nie zuvor war mein Herz so offen gewesen und ich selbst so voller Gefühle. Das war berauschend gewesen, als bestünde die Welt nur aus Liebe. Einer Liebe, die keine Bedingungen kennt.
Das war es, was mich mit Leni verband. Liebe pur. Das war es auch, was es mir unmöglich machte, mich in dieser Situation, in der es so schlimm um sie stand, zu schützen. Wie hätte das gehen sollen? Und selbst wenn es mir irgendwie möglich gewesen wäre, mich aus einem Selbsterhaltungstrieb heraus abzugrenzen – wie hätte ich das fertigbringen und später in den Spiegel schauen können?

Zugleich war ich in einem permanenten Alarmzustand.
Wenn Babys weinen, reagieren wir Mütter, das hat die Evolution so eingerichtet. Wir spüren den dringenden Impuls, zu trösten, zu beruhigen, den Schmerz wegzupusten. Wenn das nicht möglich ist und die Situation sich stattdessen immer weiter zuspitzt, zerreißt es dich. Das eigene Kind leidet – und du kannst nur danebenstehen. Das macht etwas mit dir. Du weinst, du betest, du haderst. Etwas in dir zerbricht.

Die Situation war in den letzten Tagen noch verstärkt worden durch Markus' und mein Gefühl, sie nicht erreichen, nicht zu ihr durchdringen zu können. Das Gemeine an der Epilepsie ist nicht nur die Unvorhersehbarkeit, es sind auch die Absencen. Leni blickte durch uns hindurch, und wir hatten keine Ahnung, was sie sah, in welche Welt sie blickte und wie sich das auf sie auswirkte. Wir wussten nur, wie es sich auf uns auswirkte. Als hätten wir sie für einen Moment verloren. Wir konnten einfach nur da sein und aufpassen, Wache halten …

Wenn Babys weinen

Menschen reagieren instinktiv auf Babygeschrei – das hat die Natur so eingerichtet, damit unsere Spezies überleben kann.
Im Rahmen wissenschaftlicher Untersuchungen erkannten Forscher, dass Babyweinen die Aktivität in Teilen des Gehirns erhöht, die für die Verarbeitung von Gefühlen zuständig sind – jedoch nicht bei kinderlosen Versuchspersonen.
Überwiegend bei Frauen ließ sich als Reaktion auf die Stimme eines Babys zudem ein Abfall der Aktivität im präfrontalen Kortex beobachten, was mit einer erhöhten Wahrnehmung von Babygeräuschen einhergeht. Das Ergebnis: Gerade bei Babygeschrei schaltet der Körper einer Frau in den Alarmzustand.
Ist es das eigene Kind, fällt die Reaktion noch stärker aus: Während der Geburt produziert der Körper der Mutter das Hormon Oxytocin, das für das Einsetzen der Wehen verantwortlich ist. Nach der Geburt regt es den Milchfluss an und wirkt sich positiv auf die Bindung von Mutter und Kind aus.
Weint das Baby, reagiert eine Mutter ganz automatisch darauf, um es zu trösten, weil ihr Körper vermehrt Oxytocin ausschüttet. Ist die Mutter nicht in der Lage, das Kind zu beruhigen, erhöht sich der Stresslevel bis hin zum Alarmzustand.

♡ ♡ ♡

Ich musste schlafen, doch ich wusste nicht, wie.
Wieder sah ich aufs Handy. Markus hatte Bilder geschickt, er trug Leni auf dem Arm. Inzwischen war der Verband um ihren Kopf entfernt worden, über den Operationswunden klebten Pflaster. Noch immer hatte sie den Zentralkatheter im Hals. Ihr Gesicht war leicht geschwollen. Sie sah so fertig aus. Doch Markus trug sie herum, und sie war nicht allein. Hoffentlich spürte sie wenigstens, wie lieb wir sie hatten.
Aber warum waren ihre Augen geöffnet?

Vanessa

Schläft Leni?

Markus

Nein, schläft nicht.

Wie konnte das sein bei den Medikamenten, die sie bekommen hatte? War die Wirkung schon verflogen? Das war doch nicht möglich. Panik erfasste mich.

Vanessa

Irgendwas stimmt nicht mit Leni und mit dem Schlaf.
Vielleicht ist etwas kaputtgegangen und macht,
dass sie jetzt nie wieder schläft.
Hab so schreckliche Angst, fühle mich schlimmer als in Koblenz.

Von Markus kam keine Antwort. Ich sorgte mich.

Vanessa

Wir schaffen das, Markus.

Markus

Ja.

Vanessa

Versprich es mir. Wir halten zusammen, und wir bekommen das irgendwie alles hin.

Markus

Versprochen.

Vanessa

In einem Monat wird die Welt anders aussehen. Ich bete jetzt feste ans Universum. Liebe euch mehr als mein Leben.

♡ ♡ ♡

Wer sein schwer krankes Kind liebt, würde alles tun, damit es gesund wird. Ich hätte jederzeit mit Leni getauscht. Hätte alles auf mich genommen, um statt ihr durch diese schwere Zeit zu gehen. Hätte mit jedem erdenklichen Gott gehandelt. All das ging nicht. Also betete ich. Beten heißt im Grunde, eine Hoffnung zu adressieren: an ein Universum, dessen Energie ich in meiner Liebe zu Leni, zu meiner Familie spürte.

Ich habe nie an einen Gott geglaubt, der das Leben jedes Einzelnen nach einem Prinzip von Schuld und Strafe inszeniert. Wie hätte ich auch, gerade in unserer Situation? Was sollte Leni verbrochen haben, um derart gestraft zu werden?
Vielmehr glaube ich an eine Kraft, die unser Universum durchzieht, eine Energie, in die wir uns von Zeit zu Zeit einklinken können, um zu spüren, dass wir eins sind mit dieser Kraft und mit allem, was ist. In manchen Momenten berührt uns eine Schwingung, die feiner ist als das, was wir im Alltag leben und empfinden. Wenn ich nachts die Sterne anschaue, mir der Größe, der Unendlichkeit des Universums bewusst werde, mich frage, was vor dem Urknall da war, dann denke ich mir, es wäre verrückt zu glauben, dass es keine höhere Macht gäbe …

Meine Gedanken kreisten erneut um Leni und die Frage, warum gerade sie krank geworden war. Wie schon all die Male zuvor fand ich keine Antwort darauf. So vieles war unerklärlich in diesem weiten Universum. Allein schon, dass sich das Leben hier auf unserem Planeten genau so entwickelt hatte, dass wir darauf leben können … Eine Kette von evolutionären Zufällen?
Irgendwann in dieser Nacht holte mich die Erschöpfung ein, und ich konnte endlich schlafen.

♡ ♡ ♡

Als ich am Freitagmorgen in aller Früh aufwachte, hatte ich Halsschmerzen. Vorsichtshalber machte ich einen Coronatest. Er war positiv. Mit einer FFP2-Maske durfte ich laut den Ärzten trotzdem zu Leni.

Markus hatte die Nacht dokumentiert. Leni war unruhig gewesen. Immer wieder hatte sie den Arm gehoben und in unregelmäßigen Abständen fallen lassen. Sie hatte keinen Schnuller gewollt, kein Fläschchen. Nach einer weiteren Gabe Chloralhydrat hatte sie geschlafen – gerade mal zwei Stunden lang.

Um 9:30 Uhr wurde Leni für das Notfall-MRT sediert. Bald würden wir Antworten bekommen und hoffentlich wissen, wie ihr zu helfen wäre.
Wegen ihrer Kopfwunden hatte man in den vergangenen Tagen noch kein EEG machen können, gleich nach dem MRT wurde es angeordnet. Doch auf dem Monitor zeigte sich keine epileptische Aktivität. Was mich nicht wunderte, nachdem der Anfall unterbrochen worden war.
Viel dringlicher wollte ich das Ergebnis des MRTs sehen. Ich fragte auf der Station nach, aber die Ärzte drucksten herum. Schließlich bekamen wir die Information, dass Lenis Epileptologe am Abend ausführlich mit uns sprechen würde. Mir lief es kalt den Rücken runter. Das klang gar nicht gut. Ich schrieb Julia, dass ich das Gefühl hatte, Leni würde wieder im OP landen.
„Bitte hab unrecht mit deinem Gefühl", schrieb Julia zurück. Sie zündete eine Kerze für Leni an. Im Chat erzählte sie mir von einem anderen Kind, das nach der Operation gekrampft hatte, aber das hatte sich gegeben.
Nadines Tochter hatte wie Leni nach der Läsionektomie gekrampft und eine weitere Operation gebraucht. Jedes Kind war anders. Jeder Fall lag anders. Ich zählte die Stunden bis zum Abend.

Liebe Leni,

ich kann nicht mehr. Nicht so dahergesagt, sondern ich habe mein persönliches Maß an „was kann ich ertragen“ erreicht. Gestern Abend wollte ich sterben. Ganz kurz war der Gedanke, das einfach alles nicht mehr aushalten zu müssen, größer als der Wunsch und auch das Wissen, dass es wieder besser wird. Ich wusste nicht, wie weh die Angst um sein Kind tun kann. Ich hab mein Versprechen gebrochen und dich nicht beschützt. Es war nicht genug und alles umsonst. Tagelang habe ich gemerkt, dass etwas nicht stimmt, und gestern gab es dann die finale Bestätigung meines Bauchgefühls. Du krampfst wieder, schlimmer als jemals zuvor. Und du hast gekrampft – unerkannt und so lange wie noch nie.

Ich habe keine Worte, die beschreiben können, wie ich mich fühle. Meine Schuldgefühle dir gegenüber sind kaum auszuhalten. Hast du starke Schmerzen und kannst meine Liebe zu dir trotzdem noch spüren?

Deine Mama

Nachmittags krampfte Leni erneut. Ihr linker Arm und das linke Bein spannten sich immer wieder an. Sie erhielt zusätzlich zu den anderen Medikamenten das Antiepileptikum Lacosamid, was den Anfall schließlich unterbrach.

♡ ♡ ♡

Am Abend saßen wir im Arztzimmer. Lenis Arzt erklärte uns, dass das MRT Auffälligkeiten im Bereich der Capsula interna, der Basalganglien und des rechten Hippocampus zeigte. Diese Auffälligkeiten waren diffus und zu diesem Zeitpunkt nicht eindeutig zu diagnostizieren, denn es lagen keine Vergleichsbilder vor. Noch nie war bei einem derart kleinen Baby so früh nach der OP ein Notfall-MRT angeordnet worden. Am ehesten handelte es sich um Einblutungen. Leni hatte möglicherweise einen Schlaganfall oder eine Hirnblutung erlitten. Eine andere Möglichkeit war, dass Leni tatsächlich in einem Status epilepticus gewesen war, der sich schädigend auf das Gewebe des Hippocampus ausgewirkt hatte. Die Folge wäre eine sogenannte Hippocampus-Sklerose und damit ein weiterer Herd, von dem epileptische Anfälle ausgehen könnten.

Die Informationen überwältigten Markus und mich, und zugleich waren sie noch so vage. Wir mussten erneut Geduld aufbringen, was in dieser Situation extrem hart war. Doch erst eine Verlaufskontrolle würde Aufschluss darüber geben, was genau geschädigt war und warum.

Die **Capsula interna** (innere Kapsel) wird von eng gebündelten Nervenfaserbahnen gebildet. Sie verbinden die Großhirnrinde mit anderen Bereichen des Gehirns und des Rückenmarks und sind wichtig für die Bewegungssteuerung (der gegenüberliegenden Körperseite).
Basalganglien sind Ansammlungen von Nervenzellen in der Tiefe des Gehirns und mit fast allen Regionen der Hirnrinde verbunden. Sie sind an vielen Funktionen beteiligt, insbesondere an der Ausführung motorischer Handlungen.
Der **Hippocampus** ist ein Teil des limbischen Systems und befindet sich im mittleren Temporallappen des Gehirns. Wie ein Arbeitsspeicher ist er für die Erinnerung und das Bilden neuer Gedächtnisinhalte zuständig und damit essenziell für den Prozess des Lernens.
Eine **Hippocampus-Sklerose** (Mesiale Temporale Sklerose, auch Ammornshornsklerose genannt) geht mit dem Verlust von Nervenzellen im Bereich des Hippocampus einher und ist häufig Ursprung schwer behandelbarer, fokaler Anfälle.

Als Nächstes zeigte uns der Arzt die Aufnahmen. Im Sommer hatte ich MRT-Bilder vom Kopf ansatzweise deuten gelernt. In einem gesunden Gehirn waren die Strukturen klar zu erkennen. Helle Flecken wiesen auf eine Anomalie hin.
Ich starrte auf Lenis MRT. Nicht nur das Motorikzentrum rechts, das durch die Läsionektomie entfernt worden war, stellte sich als weißer

Bereich dar, sondern auch weitere Areale auf der rechten Seite.
„Sie braucht eine Hemisphärotomie“, sagte ich.
Der Arzt sah mich überrascht an, da ich gleich den richtigen Schluss gezogen hatte.
Markus fiel die Kinnlade herunter.
„Guck dir doch mal an, was alles beschädigt ist“, sagte ich zu ihm und deutete auf die von weißen Flecken durchzogene rechte Hirnhälfte. Ich musste an die Worte des Epilepsiechirurgen denken. Er hatte in einem der Vorgespräche gemeint, sie würden keine „Salamitechnik“ machen – kleinstmögliche Schnitte in der Grenzregion des veränderten Gewebes, die jedoch die Gefahr bargen, dass nicht genug entfernt wurde. Das hätte weitere Anfälle zur Folge, die sich generalisieren, also auch auf die gesunde zweite Hirnhälfte erstrecken könnten. Der einzig logische Schritt war, die kranke Hirnhälfte abzutrennen. Genau so sah ich das auch.
Markus schluckte; er hatte in den vergangenen Monaten so viel über Epilepsiechirurgie und die Funktionen des Gehirns gelesen, dass er vermutlich eine Doktorarbeit darüber hätte schreiben können. Für ihn war die Läsionektomie die Hoffnung gewesen, möglichst viele Funktionen zu erhalten. Die Aussicht auf eine Hemisphärotomie war ein neuerlicher Schlag für ihn. Und dass es weitere Schäden in Lenis Hirn gab, kam ja noch dazu.
In Krisensituationen ertappe ich mich immer wieder dabei, dass ich einmal alles durchdacht haben muss, auch das Worst-Case-Szenario, bis zum bitteren Ende. Das hilft mir, ein Gefühl von Kontrolle zu bewahren. Genau das tat ich jetzt.
Ein Leben mit Anfällen barg zu viele Risiken für Leni. Irgendwann würden die Medikamente nicht mehr helfen. Schon jetzt hatte sie sediert werden müssen, um die lange Anfallsserie zu unterbrechen.

Daher war für mich klar, dass eine Hemisphärotomie der einzig logische Schluss war. Auch wenn es mir in der Seele wehtat, dass sie ein weiteres Mal operiert werden müsste. Doch ich sah auch die Chance, die darin lag.
Markus hingegen sah das, was ihr genommen werden würde. Denn natürlich hatte der große Eingriff einen Preis. Er haderte extrem mit der Vorstellung, dass Lenis gesamte rechte Hirnhälfte abgetrennt werden sollte.
Auch wenn die Hirnforschung zeigt, dass das Gehirn Funktionsausfälle in unterschiedlichen Regionen durch den Umbau von neuronalen Strukturen ausgleichen kann, würde Leni ein Teil ihrer kognitiven Fähigkeiten genommen werden. Das Lesen zwischen den Zeilen, die Welt der Musik, das visuelle Denken, die räumliche Wahrnehmung, die Verarbeitung von Gefühlen, dazu die Motorik ihrer linken Seite … Das tat extrem weh.
Doch wir würden sie fördern und alles tun, damit sie ihr gesamtes Potenzial entfalten und vor allem ein glückliches Leben führen könnte. Ein Leben, das sie nur haben konnte, wenn wir in eine Hemisphärotomie einwilligten. In dem Wissen, dass sie sich niemals so entwickeln würde wie ein gesunder Mensch.

♡ ♡ ♡

Rechte und linke Hemisphäre

Beide Hirnhälften sind von ihrer Struktur her ähnlich aufgebaut, sie unterscheiden sich jedoch, insbesondere im ausgereiften Gehirn, in ihren Funktionen:

Linke Hemisphäre

- Motorik: überwiegend rechte Körperseite
- Sprachverarbeitung bei der Mehrheit der Menschen (Sprechen, Lesen, Schreiben, Begreifen)
- Fähigkeit, analytisch zu denken und logische Schlüsse zu ziehen, mathematisches und wissenschaftliches Denken
- Konzentration auf kleine Details, schrittweises Vorgehen

Rechte Hemisphäre

- Motorik: überwiegend linke Körperhälfte
- Räumliches und visuelles Denken, Erkennen von Mustern und Gesichtern
- Kreativität, Musik, Kunst
- Erkennen von großen Zusammenhängen

Hierbei handelt es sich jedoch nur um eine grobe Einteilung, die sich im Laufe der Entwicklung ausbildet und sich zum Teil auch veränderten Bedingungen anpassen kann. Zahlreiche komplexe Funktionen sind über beide Hälften verteilt. Neurowissenschaftler fanden zudem heraus, dass die asymmetrische Anlage des Gehirns von Mensch zu Mensch Unterschiede aufweisen kann.

KAPITEL 8

ALLEIN MIT LENI

Lenis Entlassung war ursprünglich für den 2. Dezember vorgesehen. So wie es aussah, konnten wir das vergessen. Vor ihrer Operation hatten wir abgemacht, dass Markus und ich die ersten Tage gemeinsam bei ihr bleiben würden, bis sie das Schlimmste überstanden hätte. Anschließend würde er nach Hause fahren, um meine Mutter abzulösen und sich um Leon zu kümmern. Dass ich Corona hatte, warf unsere Planung über den Haufen. Um keinen Preis wollten wir das Risiko eingehen, Leni anzustecken. Was, wenn ich nachts einnickte und die Maske verrutschte?

Markus blieb zwei weitere Nächte an ihrem Bett, dann war mein Test zum Glück negativ. Leicht war es nicht für ihn, uns allein zu lassen, doch Leon brauchte ein Elternteil, brauchte das Gefühl von Sicherheit, Gewohnheit, und außerdem stand Arbeit an. Vielleicht benötigten wir auch Zeit, um mit allem fertigzuwerden, jeder für sich.
Markus hatte es den Boden unter den Füßen weggerissen, als der Arzt uns Lenis Notfall-MRT gezeigt hatte.

Markus

Ich mache mir einfach Sorgen. Ich will den Schritt später nicht bereuen.

Vanessa

Er ändert nichts. Eine Halbseiten-Trennung hat keinerlei Unterschiede zu dem, was jetzt ist.

Markus

Und was ist mit den Reserven auf der rechten Seite?
Wenn wir die später doch noch benötigen?
Weil links etwas nicht stimmt.

Vanessa

Wir müssen abwägen. Wenn wir links nicht schützen vor den Anfällen auf der rechten Seite, dann gibt es nichts mehr zu schützen.
Uns bringen keine Reserven was, wenn Leni im Dauerkrampf oder mit Medikamenten vollgepumpt ist.
Ich verstehe deine Angst zu 1000 Prozent …

Auch unsere Eltern waren bestürzt. Meine Mutter versuchte, mich zu trösten, während ich gleichzeitig sie trösten musste. Anfangs hatte sie wie Markus und die Ärzte noch geglaubt, es ginge Leni schlecht, weil sie eine schwere Operation hinter sich hatte. Wenn es bloß so gewesen wäre.

Ich selbst bemühte mich darum, das Ganze nüchtern zu sehen, darum, mich auf das zu konzentrieren, was ich beeinflussen konnte, und das loszulassen, was sich unserer Kontrolle entzog. Und das war nach Sicht der Ärzte eben Lenis rechte Hirnhälfte, auch wenn sich das für die meisten Menschen völlig surreal anhören musste.

♡ ♡ ♡

Auf Instagram hielt ich mich nach wie vor bedeckt. Ich hatte kommuniziert, dass Leni operiert wurde, um meine Abwesenheit zu erklären und all die Menschen, die mir schon seit vielen Jahren folgten, nicht völlig im Dunkeln über unsere Situation zu lassen. Angesichts all der Komplikationen hatte ich keine Nerven, näher auf Lenis Zustand einzugehen. In einer Situation, in der du selbst zwischen Bangen und Hoffen schwebst und sogar die Ärzte sich nicht sicher sind, was im Gehirn deines Babys vor sich geht, willst du keine Spekulationen nähren. Du willst bloß Klarheit für dein Kind und deine Familie.
Mir war bewusst, dass viele Menschen sich Sorgen machten, das zeigten allein schon die lieben Nachrichten und Wünsche, die mich erreichten. Doch was hätte ich sagen sollen? Alles schien mir so zerbrechlich. Leni war zerbrechlich. Ich wollte sie einfach beschützen.
Dann, als Markus gefahren war, hatte ich sowieso keine Zeit mehr, um zu grübeln. Ich kam nicht mehr dazu, mir einen Kaffee zu holen. Nicht mal duschen konnte ich in all den Tagen, denn Lenis Anfälle häuften sich, und es gab keinen sicheren Zeitraum mehr, in dem ich sie hätte unbeobachtet lassen können.

♡ ♡ ♡

Auf der Station für prächirurgische Diagnostik war ich als Elternteil für die normale Versorgung meines Babys selbst zuständig. Darüber hinaus dokumentierte ich Lenis Anfälle, beschrieb die Anzeichen und maß die Dauer des Anfalls. Drei Monate lang war das nicht notwendig gewesen. Monate, nach denen ich mich zurücksehnte. Wann wir wohl wieder so etwas wie eine Normalität haben würden?
Ich ließ Leni nicht aus den Augen. Oft war ich mir nicht sicher, ob es nun ein neuer Anfall war oder eine unwillkürliche Bewegung, wie Ba-

bys sie machen, wenn sie träumen, sich wie ein kleiner dicker Wurm bewegen oder Bauchweh haben. Selbst die Ärzte konnten manchmal nicht mit Sicherheit sagen, ob Leni krampfte oder nicht. Auch hatte sich ihr Anfallsmuster im Vergleich zum Sommer verändert. Aus dem rhythmischen Zucken der Hand und der Augen war eine Serie von Abläufen geworden, die sich neu zu manifestieren schien. Leni blickte zur Seite, dann wurden ihre Augen glasig, und sie stöhnte. Ihr Gesicht rötete sich, sie speichelte.

Bei jedem Anfall musste ich nach der Schwester klingeln, was eine ziemliche Zumutung auf einer Normalstation war. Doch die Erfassung der Anfälle war wichtig, auch um möglichst bald eine klarere Diagnose zu bekommen.

Noch immer hatte ich Fieber und Muskelschmerzen, auch das zehrte Kraft. Doch wenigstens hatte ich eine Aufgabe, die mir das Gefühl gab, nicht völlig hilflos zu sein. Meist war ich wie ferngesteuert: beobachten, nach der Schwester klingeln, Medikamente auf Anordnung verabreichen, den Anfall dokumentieren und wieder aufs Neue beobachten. Manchmal vergingen Stunden bis zum nächsten Anfall, manchmal nur Minuten.

In den Phasen, in denen ich mich ganz auf das Beobachten konzentrierte und analytisch vorging, kam ich einigermaßen zurecht. Doch ein Weinen, ein Stöhnen holte mich schnell wieder ganz auf die Ebene meiner Gefühle zurück. Dann zogen die Bilder der vergangenen Tage vor meinem inneren Auge vorbei. Lenis Schmerzen, ihr Weinen, ihr Schreien hatten Spuren in mir hinterlassen. Das waren nicht bloß Gliederschmerzen von meiner gerade überwundenen Coronainfektion, die ich spürte. Ich begriff jetzt, wie psychosomatische Schmerzen sich anfühlten. Mein Körper tat auf eine Weise weh, wie ich es nie erlebt hatte. Die Anspannung saß mir im Nacken, in den Schultern,

im Rücken, im Bauch. Meine Muskeln waren beinhart, wie ein Panzer aus Angst und Schmerz, der mit meinem Körper verwachsen war. Zwischenzeitlich war mir schwindelig, ich hätte mich zusammenkauern wollen, doch es ging nicht, und es hätte auch nichts geholfen. Ich musste stark bleiben und für meine Tochter kämpfen.
Die lachende, glückliche Leni fehlte mir so. Zwischendrin erkannte sie mich wohl, aber sie war so zugedröhnt mit Medikamenten, dass es kaum Momente gab, die mir Hoffnung machten. So wie es aussah, war sie gefangen zwischen Medikamenten, Schmerz und Anfällen.

Der Schlafmangel bohrte sich in meinen Kopf und meine Gedanken, er machte mich dünnhäutig. Mit jedem Tag wuchs meine Erschöpfung. Und während ich auf Leni heruntersah, die in ihrem Bett lag und aufs Neue den Kopf zur Seite streckte, erinnerte ich mich schuldbewusst daran, dass es hier nicht um mich ging und dass dieses lächerliche Selbstmitleid doch bitte verschwinden sollte. Dann konzentrierte ich mich wieder auf die Anzeichen, die Dauer des Anfalls, läutete nach der Schwester, dokumentierte, und immer so weiter.
War das jetzt Lenis Leben? War das jetzt unser Leben? Wie sollte das funktionieren, wenn wir erst zu Hause wären? Ohne das Gefühl von Sicherheit auf Station, wo die Ärzte bloß um die Ecke waren? Und was wäre mit Leon, der doch auch ein Recht auf eine unbeschwerte Kindheit hatte?

♡ ♡ ♡

Markus war in diesen Tagen beruflich eingespannt. Neben allem mussten wir uns wie jeder andere auch um das Geschäft kümmern. Unsere hohen Fixkosten mussten bezahlt und Verträge erfüllt werden. Ich liebte meine Arbeit, den Austausch mit meiner Community. Ich liebte auch die Unabhängigkeit, die sie mir in all den Jahren geschenkt hatte, und die Möglichkeit, mit meiner Reichweite in den sozialen Medien etwas bewirken zu können. Aber das lief nun mal nicht von allein. Irgendwann müsste ich in meinen Alltag zurückkehren, müsste wieder funktionieren. Dann durfte ich mich ablenken, meine kreative Ader ausleben. Aber nicht jetzt. Jetzt war mein Platz hier an Lenis Bett.

Mein Highlight war das tägliche Telefonat mit meiner Mutter. Mit ihr konnte ich über alles sprechen, über den Alltag, über ihre vergangenen Tage mit Leon, wie er geschlafen hatte, welche Äpfel er neuerdings liebte und was sie gemeinsam gespielt hatten. Sie fing mich auf, wenn die Verzweiflung mich packte, und versuchte, mir Mut zu machen. Ich schickte ihr Bilder von Leni, die sie zum Weinen brachten.

Ich hatte böse Schuldgefühle, die an mir nagten. Wegen Leni, der Operation, und wegen Leon, der in diesen Tagen zu wenig von mir mitbekam. Es war ein brutaler Spagat, den meine Mutter wie kaum jemand anderes verstand. Auch sie hatte sich phasenweise um einen kranken Menschen kümmern müssen, und ich war für ein paar Monate quasi nebenhergelaufen. Doch ich war älter gewesen, hatte mitten im Abitur gesteckt – und dennoch hatte ich ihr Vorwürfe gemacht, dass sie hin und wieder nicht für mich da gewesen war. „Ich hoffe, dass du in deinem Leben niemals so einen Spagat machen musst", hatte sie damals zu mir gesagt. Der Gedanke daran, dass Leon und ich jetzt in einer ganz ähnlichen, wenn auch schlimmeren Situation waren, tat weh. Wie so vieles in diesen Tagen.

Und Markus? Ich bewunderte ihn für sein Verantwortungsgefühl. Auch er stand unter immensem Stress. Wenn ein Kind schwer krank wird, zerbrechen Ehen und Beziehungen, weil die Belastung extrem hoch ist. Würden wir beide es als Paar schaffen, mit dieser Situation umzugehen und zusammenzubleiben? Ich hoffte es so sehr.
Doch während Lenis Anfälle sich häuften und die Situation sich immer weiter zuspitzte, fragte ich mich voller Angst, ob das hier der Anfang von unserem persönlichen Ende war.

♡ ♡ ♡

Die Welt außerhalb des Krankenzimmers schien zu schrumpfen. Ende November wurde es so früh dunkel, dass ich kein Gefühl mehr dafür hatte, wann Tag und wann Nacht war. Mein Schwindel, meine Wahrnehmungsstörungen nahmen überhand. Ich war wie in einem Parallelleben gefangen, aß kaum noch etwas, nahm stark ab, trank fast nur Kaffee. Ich wusste, wenn noch etwas obendrauf käme, dann könnte ich definitiv nicht mehr. Markus machte sich Sorgen um mich.

Markus

Löse dich morgen ab. Halte noch durch bis dahin.

Vanessa

Ich vermisse dich so.
Vermisse die Normalität mit Leon so unendlich doll.
Dieser kleine Mensch ist mein Ein und Alles.
Und dann tut mir alles weh wegen Leni.
Liebe diese Maus mehr als mein Leben.

Markus

Wir stehen das durch. Und es kommen auch wieder gute Zeiten.

In der Nacht vom 29. auf den 30. November war ich kurz eingenickt, als mich ein Stöhnen weckte. Ich beugte mich zu Leni hinunter und sah, dass sie einen Anfall hatte. Aber es war anders als sonst. Ihr Kopf war stark nach rechts gedreht, die Augen zusammengekniffen. Ihre Wangen waren tränenüberströmt. Und während sie krampfte, setzte immer wieder kurz ihr Atem aus.

Panik erfasste mich. Ich rief nach der Nachtschwester, die wiederum den Arzt alarmierte. Lenis Sauerstoffsättigung fiel, der Monitor piepste.

Der Arzt gab ihr Midazolam in die Nase, um den Anfall zu unterbrechen.

Lenis Epilepsie hatte ein neues Level erreicht. Die Atemaussetzer waren bedrohlich. Lenis Epileptologe, ihr diagnostischer Arzt und auch der Neurochirurg waren herbeigeeilt, sie waren bestürzt. An diesem frühen Morgen fiel zum ersten Mal die Vermutung, dass Lenis Gehirn stärker geschädigt sein könnte als angenommen. Die Veränderung am Hippocampus konnte mit den Atemaussetzern in Zusammenhang stehen. Möglich schien auch, dass die andere Seite mit betroffen wäre. Dann würde ihr nicht mal mehr eine Hemisphärotomie helfen. Was dann?

Für den Morgen wurde ein MRT angesetzt.

Ich schilderte Markus, was geschehen war. Er war bereits wach.

Vanessa

Hab gerade kein gutes Gefühl.
Und so Angst um die süße Maus.

Markus

Ich auch. Hat sie denn was getrunken in der Nacht?

Vanessa

Um zwei Uhr eine ganze Flasche.
Um sechs wäre perfekt gewesen,
aber da konnte sie schon nicht mehr trinken.

Markus

Okay.

Vanessa

Habe so Angst vor einem schweren Schaden bei ihr.

Markus

Habe ich auch.

Vanessa

Vielleicht hätten wir sie nicht operieren lassen sollen.
Habe Angst vor noch schlimmerem Schaden
auch auf der gesunden Seite.

In der Früh wurde der Zugang fürs MRT gelegt. Viermal stach die Ärztin daneben, Lenis Venen waren so dünn.

Ich war völlig am Ende. Während ich wartete, schrieb ich Markus. Er versprach, so lange zu bleiben, bis Leni entlassen würde. Inzwischen hatte ich seit zehn Tagen eine Riesenangst um Leni und hatte auch in der vergangenen Nacht nur ein paar Minuten geschlafen. Ich konnte nicht mehr, diesmal wirklich nicht. Körperlich nicht, psychisch nicht. Die Lage hatte sich immer weiter verschlimmert. Lenis Zustand war in Regionen abgedriftet, die extrem kritisch wurden.

♡ ♡ ♡

Hatten wir uns erhofft, jetzt endlich eine Diagnose zu bekommen und damit auch einen Hinweis darauf, wie Lenis Anfälle zu behandeln wären, wurden wir enttäuscht. Das neue MRT gab weitere Rätsel auf. Die Wunden von der Läsionektomie waren verlaufsgerecht am Abheilen. Die weißen Flecken waren weiterhin zu sehen, doch leicht rückläufig. Das ließ hoffen.

Doch was geschah wirklich in Lenis Gehirn?

Die Diagnostik glich einer hoch komplizierten Spurensuche. Inzwischen gab es drei verschiedene, aktuelle bildgebende Befunde: von der Untersuchung direkt nach der OP, vom Notfall-MRT am 24. November morgens und vom 30. November morgens. In der Rückschau sah es inzwischen so aus, als hätte Leni doch keinen Schlaganfall erlitten, sondern eine Waller'sche Degeneration – ein Prozess, der mit dem Abbau geschädigter Nerven einhergeht. Ein Vorgang, der zwar Komplikationen nach sich ziehen kann, in Lenis Fall aber mit höchster Wahrscheinlichkeit auf die während der OP durchtrennten Nerven zurückzuführen war. Neu hinzugekommene Schädigungen zeigten sich keine.

Ich hätte erleichtert sein können, doch da war die Sache mit den Atemaussetzern. Hätte es das Notfall-MRT nicht gegeben, hätten die Radiologen es vielleicht nicht mal bemerkt. So aber untersuchten sie das Bildmaterial vom rechten Hippocampus in aller Ausführlichkeit und äußerten schließlich den Verdacht auf ein hippocampales Ödem, eine Flüssigkeitsansammlung, die auf eine Schädigung durch eine Serie epileptischer Anfälle hindeuten könnte. Ohne zu wissen, was die Schwellung verursacht hatte, war es auch nicht möglich, eine Einschätzung abzugeben, woraus sie bestand und ob sie sich vollständig zurückbilden würde. Klar war nur: Neben Verwirrtheit, Orientierungslosigkeit und Gedächtnisstörungen waren Krampfanfälle typische Symptome einer solchen Schädigung. Wenn das tatsächlich der Fall war, befand Leni sich in einem Teufelskreis.

Niemand konnte uns sagen, wie sich die Anfälle entwickeln würden. Schon vor den Atemaussetzern hatte ich mich nicht getraut, Leni aus den Augen zu lassen. Und jetzt? Ich fragte mich, wie das für sie weitergehen sollte. Ich fragte mich auch, wie das für uns als Familie weitergehen sollte.

Lenis Stöhnen setzte mir zu, signalisierte es mir doch eindeutig, dass sie litt. Wir konnten bloß hoffen, dass die Schädigung im rechten Hippocampus weiter rückläufig wäre und Leni sich erholen konnte, bis die nächste Operation anstand.

♡ ♡ ♡

Ich stand an Lenis Bett und bewachte ihren Atem, als Markus eintraf. Wir redeten nicht viel. Ich wollte, ich musste einfach nur weg. Schnell packte ich meine Sachen zusammen, verabschiedete mich von Leni und Markus und wusste nicht, was ich denken, was ich fühlen sollte.

Meine Erschöpfung war so groß. Dieses Mal brauchte ich Abstand. Und so floh ich ins Auto und fuhr los, froh, in meiner Kapsel zu sitzen, in der ich ganz für mich allein war, niemandem Rechenschaft schuldig war und einfach ich sein, heulen, Musik hören konnte. Als ich Bethel hinter mir ließ, spürte ich, wie ein Teil der Anspannung von mir abfiel. Das erste Mal seit der Operation trug ich keine Verantwortung für Lenis Leben.

Während ich mich aufs Fahren konzentrierte, versiegten die Tränen. Nur Schmerzen hatte ich noch, es fühlte sich an, als wäre ich gefoltert worden. Denn genau so ist es, wenn man aushalten muss, dass es dem eigenen Kind immer schlechter geht und keiner etwas dagegen tun kann.

KAPITEL 9

FLUCHT IN DEN ALLTAG

Fünf Monate lang hatte ich mich wie in einem Tunnel befunden und auf das Licht gewartet: dass Leni anfallsfrei war. Die Wände des Tunnels waren zuletzt immer enger geworden, ich hatte mich kaum noch bewegen können. Und das Licht war verschwunden.

Lenis Schmerz so hautnah mitzuerleben, hatte etwas in mir zerbrochen. Ich hatte weggemusst, um es zu kitten. Um weiterhin stark zu bleiben.

Markus hatte angeboten, Leon zu seinen Eltern zu fahren, damit ich mal eine Nacht für mich allein hatte und regenerieren konnte. Doch ich sehnte mich nach Leon. Und ich hätte mich auch nicht gut dabei gefühlt, ihn noch länger warten zu lassen. Zwölf Tage war ich fort gewesen – für einen Zweieinhalbjährigen eine kleine Ewigkeit.

Als ich zu Hause ankam, fühlte es sich an, als wäre ich aus einem Albtraum aufgewacht und der Alltag hätte mich wieder. Mein Vater hatte Leon vom Kindergarten abgeholt und ihm einen richtigen Verwöhntag beschert. Der Kleine war entsprechend aufgedreht von all den Highlights, aber er freute sich riesig, mich wiederzusehen.

Ich hatte ihm einen Krankenwagen für seine geliebte Autosammlung mitgebracht. Mehrfach hatte er mitbekommen, wie Leni abgeholt worden war. Jetzt saßen wir auf dem Teppich, verfrachteten

die Spielfigur auf die Trage, schoben sie in den Krankenwagen und schalteten das Blaulicht an. Und die wilde Fahrt begann.
Ich war gerade mal eine Stunde zu Hause, als Markus mir eine Nachricht schickte. Es war ein Bild. Leni lag in ihrem Bett, das Gesicht geschwollen, doch ihre Augen waren geöffnet – und die Mundwinkel zeigten nach oben!

Markus

Sie lacht mich an ☺️

Vanessa

Oh mein Gott! Ich heule …

Die vergangenen Tage waren die schlimmsten meines Lebens gewesen. Ich hätte mir gewünscht, dass die Welt einfach pausierte und ich Atem holen konnte. Dass es Leni in diesem Moment besser ging, erleichterte mich so und half mir dabei, loszulassen.
Ich konzentrierte mich ganz auf Leon. Es war so schön, ein Stück Normalität zurückzuhaben. Nachdem wir intensiv gespielt und zu Abend gegessen hatten, brachte ich ihn zu Bett. Ich las ihm vor, wir kuschelten, bis ich Leons gleichmäßige Atemzüge hörte und wusste, er war eingeschlafen.
Ich betrachtete ihn. Für mich war er in diesem Moment der schönste Mensch der Welt. Ich liebte ihn so, dass ich jederzeit für ihn gestorben wäre. Leni liebte ich genauso stark, nur anders. Leons Liebe war unkompliziert und entspannt. Lenis Liebe hingegen tat so weh und war zugleich so groß.

Ich war dermaßen erschöpft, dass ich dachte, mir würden gleich die Augen zufallen. Doch es war so ein surreales Gefühl, hier mit Leon unter der warmen Decke mit den Planeten darauf zu kuscheln, mit all den Leuchtsternen neben und über uns, während dreihundert Kilometer entfernt meine Tochter schwer krank war und Markus an ihrem Bett saß. Mir schossen die Tränen in die Augen, und ich heulte stumm vor mich hin. Schon im Sommer waren wir immer wieder als Familie zerrissen worden. In diesem Moment fühlte es sich so an, als würde es immer so weitergehen, ohne Ende, ohne die Aussicht auf bessere Zeiten.

Wenn man sich derart schlecht fühlt und so große Angst hat, sind Umarmungen das Einzige, was hilft und einen erdet. In diesem Moment vermisste ich Markus noch mehr als sowieso schon. Ich hätte ihn so gebraucht, und er mich vielleicht auch. Aber das Leben hatte uns die Aufgabe gestellt, getrennt durch diese Situation zu gehen, wir mussten durchhalten. Jetzt gerade war nur Leon hier bei mir. Und so umarmte ich ihn und hielt mich an ihm fest.

♡ ♡ ♡

Pünktlich zu meiner Rückkehr zog der Weihnachtswichtel Willi bei uns ein. Wir hatten eine winzige Tür über der Fußleiste angebracht, dazu den obligatorischen Briefkasten, da Wichtel bekanntermaßen nur über Briefe kommunizieren. Eine Leiter führte zu einer Fußmatte am Boden, auf der winzige Hausschuhe bereitstanden. Natürlich gab es auch eine Bank und allerlei Zubehör, was unsichtbare Hausgeister halt so brauchten. Leon war ganz aufgeregt, denn natürlich hinterließ der Wichtel ab und an Spuren seiner Anwesenheit und schrieb witzige kleine Briefe. Am liebsten hätte Leon die Wichteltür heimlich bewacht, um vielleicht doch mal einen Blick auf Willi zu riskieren. Dumm nur, dass der Wichtel nachtaktiv war und Leon dann doch immer die Augen zufielen.

Tagsüber holten Leon und ich all das nach, was wir in den vergangenen Tagen vermisst hatten. Morgens kuschelten wir lange im Bett. Ich war froh, wieder Zeit zu haben, um zu duschen und die Haare zu waschen und anschließend, wenn Leon im Kindergarten war, auch wieder zu arbeiten.
Nach Lenis OP hatten Markus und ich wieder einmal gemerkt, wie dankbar wir sein konnten, dass wir selbstständig waren. Ich hatte meine Zeit auf Instagram drastisch reduziert, doch in unserer Branche sind November und Dezember die Monate, in denen am meisten Kooperationen stattfinden und Präsenz gefragt ist. Ich spürte den Druck, zu funktionieren, musste mich um das Weihnachtsgeschäft, den Onlineshop und die dazugehörigen Boutiquen in der Koblenzer Innenstadt kümmern. Musste Verträge erfüllen und meine Werbekraft wie vereinbart einsetzen. Das war mir aus unterschiedlichen Gründen wichtig. Gerade in unserer Situation wollte ich nicht darauf verzichten, auch in Zukunft von zu Hause aus arbeiten zu können. Und es waren nicht nur wirtschaftliche Erwägungen. Meine Arbeit bedeutete mir viel. In den vergangenen zwölf Jahren hatte ich mir einiges aufgebaut, hatte meine Ideen verwirklichen können und mich täglich mit ganz unterschiedlichen Menschen aus meiner Community ausgetauscht. Und dann gab es auch noch den Tierschutz, der mir weiterhin am Herzen lag und für den ich mit Werbepartnern auf Instagram hohe Spendengelder einspielte.
Inzwischen hatte sich einiges in meinem Leben verschoben. Ich chattete viel mit pflegenden Eltern, sie eröffneten mir eine Welt, von der

ich vorher viel zu wenig gewusst hatte. Begonnen hatte es mit Julia und Nadine, die zu echten Freundinnen geworden waren. Wenn ich sah, wie gut sich ihre Kinder nach der Halbseitenabtrennung entwickelten, dann gab mir das eine Menge Kraft, die ich gerade dringend brauchte.

Nadines Tochter hatte wie Leni eine strukturelle Veränderung, bei ihr lag sie in der linken Hirnhälfte. Es handelte sich sogar um denselben Gewebetyp. Diese Form der Erkrankung trat bisher weltweit extrem selten auf. Dass wir zwei uns auf Instagram begegnet waren, war mehr als ein glücklicher Zufall. Ich hatte Lenis Arzt von Nadines Tochter berichtet. Er hatte umgehend die medizinischen Unterlagen angefordert und damit wertvolles Vergleichsmaterial für Leni und andere Kinder, die an derselben strukturellen Veränderung litten, zur Hand. Oft holte ich Leon in den Tagen nach meiner Rückkehr früher vom Kindergarten ab. Dann war ich für ihn die starke, lustige Mama, und er war mein kleiner Kraftanker. Wir tollten im Schnee herum, besuchten zum Aufwärmen das Kindercafé, manchmal auch den Weihnachtsmarkt mit dem Karussell, wo Leon mit roten Backen hinterm Steuer des Feuerwehrwagens saß und konzentriert lenkte. Wann immer möglich, gingen wir schwimmen. Das warme Wasser entspannte meine verhärtete Muskulatur, und ich war froh, dass ich einen Funken Selfcare zulassen konnte und mich wieder etwas besser fühlte. Körperlich zumindest.

Immer wieder plingte das Handy, wenn Markus einen neuen Anfall in die App eintrug, in der wir seit Neuestem die Anfälle dokumentierten. Es war hart, Himmel und Hölle lagen dicht beieinander in diesen Tagen. Ich versuchte, es auszublenden, wenn Leon und ich spielten, versuchte, meine Tränen zu unterdrücken. Nicht immer gelang mir das. Dann fragte Leon: „Warum weinst du, Mama?“

„Weil Leni krank ist und sie und Papa nicht bei uns sein können", sagte ich dann, denn er hatte in solchen Momenten meine Ehrlichkeit verdient und nichts anderes. Leon litt ja auch, ihm fehlte sein Papa, auch Leni, wenngleich er so wenige glückliche Tage mit ihr verbracht hatte, dass er sie noch gar nicht zur Familie zählen konnte. Wir drückten uns, und ich versicherte ihm, dass Papa bald mit Leni nach Hause kommen würde.
Gern hätte ich alles Bedrückende von ihm ferngehalten. Doch auf Dauer ging das sowieso nicht. Und was wirklich zählte, war doch, dass wir vier zusammenhielten und dass Mama und Papa eben traurig waren und Trost brauchten, wenn eines ihrer Kinder krank war. Weil wir beide so lieb hatten.

♡ ♡ ♡

In meinem Leben hatte ich mich nie wirklich einsam gefühlt. Ich erinnerte mich an so viele schöne Stunden in der Kindheit, später dann an Freundinnen und Freunde, an meine Liebe zu den Tieren, die Freiheit, die Reisen, an die Begegnung mit Markus ... Inzwischen hatte ich selbst eine Familie, und doch spürte ich, wie das, was wir zurzeit durchlebten, mich auf eine Art einsam machte. So sehr, dass etwas in mir erstarrte. Der ganze Schmerz hatte meine Welt aus den Angeln gehoben. Da war so viel Unaussprechliches, was ich an Lenis Bett erlebt und ausgehalten hatte. So viel, was mich von anderen Eltern, sogar von Freunden entfernte, weil sie es selbst nicht kannten. Es fühlte sich an, als wäre zwischen meinem früheren Leben und dem jetzigen eine Trennwand hochgezogen worden. Vielleicht hätte ich sie überwinden können, wenn ich über alles geredet hätte. Aber wie

sollte ich es in Worte fassen, ohne dass all der Schmerz wieder aus der Tiefe hervorschoss, in die ich ihn verbannt hatte?
Nachts hielt ich die Einsamkeit nicht mehr aus, dann schlief ich bei Leon im Bett, und wenn es zu ungemütlich wurde, holte ich ihn rüber in unser Familienbett, das für einen Menschen allein viel zu breit war.

♡ ♡ ♡

Der 2. Dezember verstrich, ohne dass Leni nach Hause gekonnt hätte. Das war abzusehen gewesen. Doch ihr Zustand hatte sich in den vergangenen Tagen etwas stabilisiert. Wenn alles gut ging, würde sie am Montag, den 4. Dezember entlassen werden können.
Ich hatte gemischte Gefühle. Einerseits wollte ich nichts lieber, als dass wir vier endlich wieder zusammen waren. Andererseits fürchtete ich mich davor. Die Tage, die ich allein mit Leni in der Klinik verbracht hatte, hatten mich physisch und seelisch vollkommen überfordert. Wir waren von einer Notsituation in die nächste geschlittert. Der Gedanke, mit ihr ganz allein zu sein, rief Panik in mir wach. Was, wenn Leni krampfte und Leon alles erneut mitbekam? Was, wenn er mich im selben Moment brauchte, weil er sich wehgetan hatte? Was, wenn ich mit Leni ins Krankenhaus müsste, und Leon war bei mir und sonst niemand?

Am 3. Dezember plingte die App immer häufiger. Ich war gerade mit Leon bei Markus' Eltern und versuchte, die Sorge auszublenden. Leni war in Sicherheit in der Klinik. Markus war bei ihr. Sollte ihre Sauerstoffsättigung abfallen, würde der Sensor an ihrem Fuß sofort Alarm geben. Ein Anfall ließ sich medikamentös unterbrechen, notfalls waren Ärzte da, die die Dosis erhöhen könnten. Sie würde nur dann entlassen werden, wenn es ihr gut genug ginge. Der Horror würde in einigen Wochen ein Ende haben, wir mussten nur durchhalten, bis Leni stabil genug wäre, um erneut operiert zu werden. All das sagte ich mir zum gefühlt tausendsten Mal vor.

Dann öffnete ich WhatsApp, Markus hatte mir geschrieben. Er hatte eigentlich mit Leni in der Trage spazieren gehen wollen. Doch sie schien sich unwohl zu fühlen, wirkte angespannt, hatte das eine Auge nicht ganz geöffnet und das rechte Bein gestreckt. Er hatte ihr zu trinken gegeben, aber sie hatte nicht richtig gesaugt. Er war sich nicht sicher, ob es sich um einen leichten Anfall handelte, hatte aber das Gefühl, irgendetwas stimmte nicht, auch wenn sie ihm immer wieder mit den Augen gefolgt war. So wie auch ich machte er sich ständig Sorgen, dass es Anzeichen von einem veränderten Hirndruck geben könnte, die wir nicht erkannten. Die Folge wäre ein Hirninfarkt.

In diesem Moment wurde mir das Maß der Anspannung wieder bewusst, unter der wir standen, während wir Leni beobachteten.

Vanessa

Was machen wir zu Hause?
Fahren wir bei so was direkt in die Klinik?

Markus

Ich würde weiter beobachten.

Vanessa

Woher sollen wir wissen, was es ist?
Ich habe keine Kraft für einen schweren Hirninfarkt,
den wir übersehen haben.

Wenig später schickte Markus mir ein Video, Leni war erneut in diesem angespannten Zustand. Ich klickte drauf. Am Tag zuvor hatte sie so süß gelächelt. Jetzt waren ihre Gesichtszüge verzogen, ihr linkes Auge war verengt. Es tat weh, sie so zu sehen. Das Unwohlsein war ihr ins Gesicht geschrieben.
Ich spielte das Video ein zweites Mal ab. Jetzt war ich mir sicher, dass es ein Anfall war. Ihr Mund machte seltsame Bewegungen, als kaute sie. Dann fiel mein Blick auf ihre Pupillen, sie waren riesig. Nach fünfzig Sekunden wurden sie wieder normal.

Markus schrieb mir, dass er dasselbe auch schon in der Nacht bemerkt hatte. Ich hätte bloß noch heulen können.
Lenis gesamter Tag war von diesen seltsamen Anfällen bestimmt, die weder den alten noch den zwischenzeitlichen Mustern glichen. Wenn es begann, stöhnte sie, jammerte kurz. Dann setzte sekundenweise wieder der Atem aus.
Meine Panik, dass sie nach Hause käme und wir die Situation nicht bewältigen könnten, wuchs. Markus sah es ähnlich, er wollte Antworten von den Ärzten. Wenn er keine klare Aussage bekäme, schrieb er mir, dann würde er das Krankenhaus nicht verlassen. Doch es war Sonntag. Ein MRT würde erst am nächsten Morgen gemacht werden können.
Mein Herz zog sich zusammen. Meine schöne Auszeit mit Leon war in diesem Moment vorbei. Plötzlich wollte ich nur noch eins: vor Ort bei Leni sein. Ich schlug Markus vor, nach Bielefeld zu fahren und zu tauschen. Doch er ließ erst mal den Arzt vom Dienst kommen.

Markus

Muss mich absprechen, wie ich mich die Nacht verhalten soll, wenn es so weitergeht.

Vanessa

Ich weine gerade bei deinen Eltern. Es tut mir so leid.

Markus

Mir auch. Für Leni und uns als Familie und dann auch für dich und mich.

Vanessa

Und für Leon. Er vermisst dich so.

Markus

Ich ihn auch ganz doll.

Vanessa

Ich möchte dich gerade umarmen.

Der Neurologe, der sich Leni angesehen hatte, war der Ansicht, dass ihr Hirndruck normal war und die Anfälle ihr Gehirn nicht schädigen würden. Vielleicht mussten wir entspannter damit umgehen, überlegte Markus.
Ich wusste nicht, ob ich das je könnte, doch ich beruhigte mich ein wenig.

Spät am Abend schickte Markus mir ein Bild von Leni, sie lächelte und wirkte vergnügt. Leon saß bei mir, er war noch hellwach.
Ich hatte weinen müssen, als Leon mich das gefragt hatte.

Markus

Oha, was ist denn mit ihm, dass er nicht müde ist?

Vanessa

Er fühlt viel von dem, was gerade passiert.
Er merkt auch, dass wir darüber reden, Oma, Opa, Papa, Mama.
Vorhin im Auto wollte er wissen, ob wir noch eine Familie sind.

Markus

Erklär ihm, dass wir immer eine Familie sind und Leni jetzt unsere Hilfe braucht.

Vanessa

Leni tut mir auch unendlich leid. Mein Herz bricht für die Kinder.
Für Leon, weil er ein unbeschwertes Leben haben soll,
und für Leni, weil sie so krank ist und all das nicht verdient hat.

Etwas später schlief Leon ein. Ich dachte noch lange über das nach, was mir verschiedene Leute mit Hemiparese auf Instagram geschrieben hatten. Dass sie ohne ihre Eltern nicht da wären, wo sie heute standen.
Markus und ich hatten viel darüber gesprochen. Wir würden für Leni alles tun, damit sie das eines Tages auch sagen konnte.

Ich hatte keine Angst vor Behinderung, vor unserem Alltag, der von Lenis besonderen Bedürfnissen bestimmt würde. Ich hatte auch keine Angst davor, dass es schwierig werden könnte, alles aufzuholen, was sie in den vergangenen Wochen verpasst hatte und noch verpassen würde. Ich hatte Angst vor Anfällen an jedem einzelnen Tag und der Hilflosigkeit angesichts dieses Monsters namens Epilepsie, das so unberechenbar war.

♡ ♡ ♡

Die Ärzte entschieden sich am nächsten Morgen dazu, Leni dazubehalten und ein Langzeit-Video-EEG zu machen, um so der Ursache auf die Spur zu kommen. Vier Tage später zeichnete sich endlich eine Diagnose ab.

Auszug aus dem Arztbrief vom 10.12.2023

Bei erneuten Anfällen begannen wir eine Video-EEG-Diagnostik ab dem 4.12.23 bis zum 8.12.23. Dabei zeichneten wir fokale Anfälle mit Innehalten und starrem Blick, Anspannung im Gesicht, engerer Lidspalte links, Tränenfluss links sowie komplett fehlender Motorik links bei erhaltener spontaner Motorik einschließlich Greifens mit der rechten Hand auf, die mit einem rechts parieto-occipitalen Anfallsmuster einhergingen. Wir gehen somit davon aus, dass die Anlagestörung der rechten Hemisphäre ausgedehnter ist, als im MRT anhand der eindeutigen Signalauffälligkeiten erfasst.

Anhand der aufgezeichneten Anfallsmuster waren die Ärzte nun also in der Lage, Schlüsse zu ziehen. Sie verorteten den Herd, von dem der Anfall ausging, parieto-occipital, also in einem Bereich

zwischen dem Scheitel und dem hinteren Teil des Kopfes. Leni war durch die Läsionektomie ein großer Teil des Motorikzentrums entfernt worden, das jedoch weiter vorn im Gehirn gelegen hatte.
Das ließ folgenden Schluss zu:

Auszug aus dem Arztbrief vom 10.12.2023
In der Zusammenschau gehen wir somit davon aus, dass bei Leni eine ausgedehnte, möglicherweise hemisphärische Anlagestörung rechts besteht, die dazu geführt hat, dass mit der erweiterten Läsionektomie rechts frontal keine Anfallsfreiheit erreicht werden konnte.

Das Ausmaß der Gewebeveränderungen, die Leni aufwies, war also weit größer, als auf dem MRT sichtbar war. Der Chirurg hatte eine erweiterte Läsionektomie durchgeführt, also nicht nur das kranke Gewebe entfernt, sondern auch einen Randsaum, um sicherzugehen, dass er im Bereich des gesunden Gewebes schnitt. Von den Schnitträndern war eine kleine Gewebeprobe entnommen und untersucht worden, darin hatten sich keine Auffälligkeiten gezeigt. Doch es war eben nur eine einzige Probe gewesen. Zu keinem Zeitpunkt hatte der Verdacht bestanden, ein größeres Areal könnte betroffen sein. Um Lenis Erkrankung auf die Spur zu kommen, waren die Ärzte auf verschiedene diagnostische Instrumente angewiesen, wie die Video-Auswertung zeigte.
Für mich als Lenis Mutter zählte ganz eindeutig das Bauchgefühl dazu. Als Leni nach der OP das erste Mal klinisch eindeutig gekrampft hatte, war im Grunde nur bestätigt worden, was ich die ganze Zeit über gewusst hatte. Lenis Arzt hatte halb scherzhaft, halb ernst zu mir gemeint, mein Gefühl sei besser als jedes Video-EEG. Auch deshalb konnten Markus und ich sie nicht aus den Augen las-

sen: um jede noch so kleine Veränderung wahrzunehmen, die nur uns auffiel, weil wir unser Kind am besten kannten.
Meine Beobachtung, dass Lenis Schluckauf während der Schwangerschaft sich anders, rhythmischer angefühlt hatte, werteten die Ärzte nun als Hinweis darauf, dass ihre Anlagestörung sich schon zu diesem Zeitpunkt bemerkbar gemacht hatte. Etwas, was während der pränatalen Diagnostik nicht zu sehen gewesen war.
Die neuen Erkenntnisse ließen nur eine Option offen: Leni brauchte in der Tat eine Hemisphärotomie rechts. Der Versuch oder auch nur der Wunsch, Teile ihrer rechten Hirnhälfte zu retten, war sinnlos geworden.

Auszug aus dem Arztbrief vom 10.12.2023
Wir gehen davon aus, dass es im postoperativen Verlauf zu einem klinisch nicht offensichtlichen Status epilepticus gekommen ist, der zum einen zu der diffusen klinischen Beeinträchtigung geführt hat, die von den Eltern in den ersten postoperativen Tagen beobachtet wurde, ohne dass wir klinisch eindeutige Anfälle abgrenzen konnten. Dabei konnte die akut postoperative Situation ein zusätzlicher Faktor gewesen sein, der das Auftreten einer möglichen laminären corticalen Nekrose des Hippocampus rechts begünstigt hat.

Zweiundsiebzig Stunden, so lange hatte Leni auf mich verändert gewirkt. Was in dieser Zeitspanne wohl in ihr vor sich gegangen war? Ich wünschte, sie hätte uns ein eindeutiges Zeichen geben können, sodass wir sie aus diesem Albtraum hätten befreien können.

♡ ♡ ♡

Uns blieben zwei Monate, bis die nächste Operation anstand. Diese Zeit wollten die Ärzte Leni geben, damit sie sich von der Läsionektomie erholte und stabil wurde für die nächste Runde. Wobei ich mich fragte, wie die Erholung für Leni wirklich aussah, wenn sie täglich, stündlich, manchmal sogar minütlich krampfte. Bei Leon hatte ich jedes Fieberzäpfchen, das ich ihm gegeben hatte, mehrfach abgewogen. Leni hingegen hatte in ihren fünf Monaten schon mehr Schmerz- und Schlafmittel bekommen als ich in meinem ganzen Leben. Doch mit den ganzen Bedenken war ich längst durch. Es gab keinen anderen Weg.

Am 10. Dezember sollte Leni in die häusliche Betreuung entlassen werden – „in stabilem, gutem Allgemeinzustand", hieß es. Angesichts dessen, wie es Leni wirklich ging, klang das für mich ziemlich seltsam. Aber sie hatte keine Hirnblutung, musste nicht beatmet werden, und sie trank. Das waren die Kriterien, die in ihrem Fall zählten.

♡ ♡ ♡

Am 10. Dezember kam Markus mit Leni nach Hause. Glücklich, uns wiederzuhaben, legten wir Leni auf die Spielmatte, Leon spielte neben ihr mit seinen Autos, und wir setzten uns zu den beiden, lehnten uns aneinander. Dreißig Minuten dauerte unser schöner Familienalltag. Dann stöhnte Leni, drehte den Kopf nach rechts … und unser Leben eskalierte aufs Neue. Denn Leni war nicht mehr in der Lage, zu atmen.

KAPITEL 10

LENI KÄMPFT

„Leni atmet nicht“, sagte ich alarmiert. Wie schon bei ihrem Anfall vor zehn Tagen, bei dem ihr Atem ausgesetzt hatte, streckte Leni den Kopf zur Seite und stöhnte mehrmals. Dann starrte sie ohne die geringste Bewegung, den geringsten Laut ins Leere. Das erlösende Atemholen blieb aus. Es war beängstigend.

Markus wirkte angespannt, aber nicht panisch. „Das gibt sich gleich wieder, das hat sie in der Klinik öfter gemacht. Gleich holt sie wieder Luft.“ Er zählte die Sekunden zurück: „Drei – zwei – eins …“ Aber noch immer atmete Leni nicht ein. Ihr Gesicht rötete sich, wurde binnen Sekunden dunkelrot, dann lila und schließlich blau.

Irgendein rationaler Teil von mir stoppte ganz automatisch die Zeit. Markus verabreichte ihr bereits das Diazepam, das den Anfall unterbrechen sollte. In der nächsten Sekunde hatte ich die 112 gewählt und den zuständigen Notfallsanitäter am Telefon. Ich zwang mich dazu, möglichst sachlich zu schildern, was gerade bei uns los war.

„Ich weiß nicht, was wir tun sollen“, schloss ich. Noch immer atmete Leni nicht ein, inzwischen dauerte der Anfall bereits eine Minute. Wir hofften, dass das Medikament schnell das Nervensystem erreichen würde.

„Ich bleibe am Telefon, bis Ihre Tochter wieder atmet“, sagte der Sanitäter.

„Ich erwarte von Ihnen, dass Sie mich anleiten, wie ich sie wiederbeleben muss“, erwiderte ich.

Es waren extreme Sekunden. Wir hatten nur Leni im Blick, alles andere war ausgeblendet, selbst Leon. Knapp hundertzwanzig Sekunden waren vergangen, als sie endlich nach Luft schnappte. Ihr Blick klärte sich, die Haut wurde wieder blass. Ruhig und gleichmäßig atmete sie weiter und schlief dann ein. Der Sanitäter versicherte uns, dass ein Notarzt unterwegs sei, und verabschiedete sich.
Der Schock saß tief. Genau davor hatte ich Angst gehabt: dass zu Hause die Hölle losging und wir in eine solche Situation gerieten. Ohne die Monitore, die Lenis Herzfrequenz und die Sauerstoffsättigung anzeigten, ohne die Ärzte und das Team aus Schwestern und Pflegern in der Nähe war sie so ungeschützt.
Während wir auf den Krankenwagen warteten, riefen wir in Bethel an. Lenis Arzt war bestürzt und konnte uns auch nichts anderes raten als das, was wir bereits getan hatten: Diazepam verabreichen und den Notarzt rufen, um ihre Werte nach dem Anfall zu kontrollieren.
Als der Krankenwagen eintraf, waren siebzehn Minuten vergangen. Lenis Sauerstoffsättigung und alle anderen Parameter waren wieder im Normalbereich. Uns stand es frei, sie auf die Intensivstation in Koblenz einweisen zu lassen oder mit ihr zu Hause zu bleiben. Wir entschieden uns nach Absprache mit der Notärztin für Letzteres. Auf der Intensivstation hätten wir uns zwar sicherer gefühlt, doch es war keine Umgebung, in der Leni und wir zur Ruhe kommen konnten. Und das Diazepam hatten wir sowieso ständig in Reichweite.

In diesem Moment war uns klar, dass wir Leni keine einzige Sekunde mehr unbeobachtet lassen würden. Ihr Leben konnte davon abhängen, dass wir kein noch so geringes Anfallszeichen übersahen. Was das mit uns machte? Das würde die Zeit zeigen. Und was es mit Leon machte?

Drei Wochen waren seit Lenis Operation vergangen. Seither hatten wir das Leben um ihn herum organisiert. Er hatte viele besondere Momente gehabt mit seinen Großeltern, allein mit Markus oder mit mir. Highlights, intensives Spielen, Kuscheln, Verwöhntwerden. Was er nicht gehabt hatte, war ganz normaler Alltag, der ihm Halt gab. Und jetzt, wo diese Normalität endlich einkehren sollte, endete es erneut in einem Notfall, und das auch noch in seinem Beisein.
Ich weiß bis heute nicht mit Sicherheit, wo Leon in diesen Minuten war, in denen Leni krampfte und dann nicht mehr atmete. Ich meine mich zu erinnern, dass er in seiner Spielecke saß, bei seinen Playmobilautos. Irgendetwas werde ich zu ihm gesagt haben, oder Markus. Doch die Erinnerung ist weg, die Belastung war zu groß. Wenn man reduziert ist auf reines Funktionieren, zahlt man irgendwann, irgendwo seinen Tribut. Wir konnten bloß hoffen, dass dies eine einmalige Episode gewesen war und kein neues Anfallsmuster, das sich in dieser Schwere etablierte.
Mit der Hoffnung ist es so eine Sache.
Ich hatte viel gehofft seit Lenis erstem Anfall. Dass es nichts Schlimmes wäre, sich verwuchs, dass es medikamentös behandelbar wäre, dass die erweiterte Läsionektomie ausreichte ...
Hoffnung verlockt einen dazu, an das Unwahrscheinliche, sogar das Unmögliche zu glauben. Sie ist so vage, ein Gespinst aus Wünschen und Träumen, und trotzdem hält man sich an ihr fest. Man glaubt daran, dass eine dunkle Phase irgendwann endet und man wieder im Licht steht, obwohl es nicht die geringste Garantie dafür gibt. Weil man den Gedanken daran, dass es auf immer dunkel bleibt, nicht erträgt. Genau deshalb hoffte ich, hofften wir. Und hielten weiter Wache.

♡ ♡ ♡

In den folgenden Tagen blieben Markus und ich beide bei den Kindern und einer von uns verließ das Haus nur, wenn es gar nicht anders ging: um Leon in den Kindergarten zu bringen und abzuholen, auf dem Weg schnell etwas dringend Benötigtes zu besorgen oder weil unser Job es erforderte. Oft war ich es, die diese kurzen Fahrten übernahm, denn ich hielt es immer schlechter aus, mit Leni allein zu sein. In echten Notfällen wurde ich rational, blieb nach außen hin völlig ruhig und überlegt; doch kaum löste sich die Situation auf, übermannten mich die Gefühle. Ich steckte sie weg, weil ich nicht wusste, wohin damit, und um Leon nicht noch mehr zu verunsichern. Doch sie höhlten mich von innen aus. Angefangen hatte es mit den Tagen, die ich mit Leni auf Station verbracht hatte, allein mit meinem Bauchgefühl und jeder Menge Unsicherheit. Ich fragte mich, ob ich das je wieder können würde: mit ihr allein sein, völlig entspannt, ohne jede Angst. Im Augenblick konnte ich es mir nicht vorstellen.

Fürs Erste mussten wir fünf Wochen überbrücken. Dann hieß es, erneut nach Bethel zu fahren, wo die prächirurgischen Untersuchungen für die Hemisphärotomie stattfinden sollten. Vor einer derart radikalen Operation musste die eindeutige Diagnose getroffen werden, dass nur eine Seite von Lenis Gehirn von den strukturellen Veränderungen betroffen war.

Überbrücken, das hieß, die Zeit aufzuteilen in Tag- und Nachtschichten, das Diazepam immer griffbereit. Einer allein hätte das nicht geschafft. Es war auch klar, dass wir es uns nicht leisten konnten, in Panik zu geraten, wenn Leni blau anlief. Jeder falsche Handgriff, jeder Sekundenbruchteil Schockstarre kostete Zeit, die Leni womöglich nicht hatte. Ich war keine Notfallmedizinerin, Markus ebenso wenig, und doch mussten wir so handeln. Mussten weiterhin die Gefühle, die Panik ausblenden, um zu funktionieren.

Die folgenden Wochen zeigten uns, dass das neue Anfallsmuster mit Wucht zugeschlagen hatte. Im Sommer, ja, sogar im November noch, direkt nach der ersten OP, hätte ich diese Eskalation nicht für möglich gehalten. Jetzt aber wuchsen wir hinein. Wir lernten, die Anfälle zu unterscheiden.

Es gab gute Tage mit leichteren Anfällen, die wie aus dem Nichts heraus auftraten. Sie dauerten ein, zwei Minuten, danach war Leni wieder ansprechbar, reagierte auf uns, lachte, oder sie schlief. Mal gab es fünf solcher Anfälle über den Tag verteilt, mal bis zu fünfzig.

Es gab weniger gute Tage, an denen ein Anfall den nächsten ablöste, der zweite länger dauerte als der dritte und der vierte sich der Fünf-Minuten-Grenze näherte. Für Leni hatten die Ärzte in Bethel dies als Obergrenze bestimmt, solange sie eigenständig atmete. Dann mussten wir den Anfall mit dem Diazepam unterbrechen, damit sie nicht in einen Status epilepticus geriet und ihr Gehirn womöglich geschädigt würde.

Und es gab die schlimmen Tage, an denen ihr Atem aussetzte, wir ihr das Notfallmedikament sofort verabreichten und sie dennoch nicht zur Ruhe kam.

Wir hatten einen genauen Plan, wann wir in welcher Dosis Diazepam und später das stärkere Midazolam verabreichen durften. Die Medikamente wirkten sich hemmend auf die Atemmuskulatur aus, und das konnte für Leni gefährlich werden. Daher fuhren wir an kritischen Tagen nach Koblenz in die Kinderklinik, wo sie intensivmedizinisch überwacht wurde.

Früher war Leni nach ihren Anfällen eingeschlafen, und wir hatten Minuten, manchmal sogar Stunden gehabt, in denen wir ein wenig loslassen konnten. Wir hatten sie immer im Auge behalten, aber auch mal eine Mail geschrieben oder einen Telefonanruf erledigt.

Jetzt, wo ihr Atemsystem zeitweilig aussetzte, war die Situation für uns eine völlig andere. Wir hatten panische Angst um ihr Leben.

SUDEP – Sudden Unexpected Death in Epilepsy

Von tausend Epilepsiekranken stirbt durchschnittlich eine Person pro Jahr an SUDEP, einem plötzlichen unerwarteten Tod bei Epilepsie. Bei Kindern ist das Ereignis vermutlich seltener. Dabei ist es nicht der Anfall selbst, von dem diese Gefahr ausgeht, sondern die Phase danach, wenn die Aktivität des Gehirns stark sinkt. Insbesondere nach generalisierten, tonisch-klonischen Anfällen im Schlaf kann es in den ersten dreißig bis sechzig Minuten zu einer Hemmung der Hirnstammfunktion kommen, die für die Atemregulation zuständig ist. Die Folgen sind eine aussetzende Atmung, Sauerstoffmangel und schließlich ein Herzstillstand.

Wegen ihrer Atemaussetzer, der Häufigkeit der Anfälle und deren Stärke war Leni zunehmend gefährdet. Wenn Sekunden über das Leben deines Kindes entscheiden können, dann bleibst du wach, auch wenn du noch so müde bist. Dann läufst du nicht mal in die Küche, um dir einen Kaffee zu machen. Du bleibst sitzen oder stehen und legst dich auch nicht hin, denn die Gefahr, dass dein Körper irgendwann selbst die Notbremse zieht und dich in den Schlaf katapultiert, ist zu groß.

Markus und ich lebten nicht, wir existierten. Und das war in Ordnung. Wir hielten zusammen, und wir hielten durch.

Liebe Leni,

ich warte. Warte darauf, dass es wieder losgeht. Oder wieder aufhört. So richtig weiß ich das selbst nicht. Verrückt, wie ein Leben plötzlich nur noch aus Überleben besteht und nichts mehr so richtig lebenswert ist. Unser Leben ist in Stunden getaktet, von Übergabe zu Übergabe. Immer sitzt jemand bei dir und starrt dich an. Kurz weggucken ist nicht, denn sobald es wieder losgeht, müssen wir die Zeit stoppen. Immer bereit sein, immer funktionieren und jederzeit bereit, Erste Hilfe leisten zu können und zur Not auch zu reanimieren.

Mein Körper besteht nur noch aus Angst, und ich merke jede Minute, wie mir das Cortisol in die Adern gepumpt wird. Jederzeit bereit. 24/7.

Wie lange schafft man das wohl zu zweit, diese Belastung auszuhalten?

Ich habe im Spaß zu deinem Papa gesagt, dass ich in den letzten fünf Wochen vermutlich zehn Jahre gealtert bin, dabei war es gar kein Witz, sondern bitterer Ernst. Nicht wegen dir, weil du für all das hier nichts kannst, sondern weil ich dich so liebe und es so wehtut zu sehen, wie es dir geht. Jederzeit bereit zu sein und gleichzeitig darauf zu warten, dass es wieder losgeht, ist ein Zustand, der einer körperlichen Folter gleicht.

Von den Schmerzen in meinem Herzen, meiner Seele und jeder Zelle meines Körpers muss ich gar nicht anfangen. Aber was ist mein Schmerz gegen das, was du aushältst?
Weißt du, Leni, hätte mir vor einem halben Jahr jemand gesagt, dass ich mir den Tag herbeisehne, an dem dir eine Hirnhälfte funktionell abgetrennt wird, so wäre ich in schallendes Gelächter ausgebrochen. „Ja, genauuuuuu!“, ist mein erster Gedanke, und jetzt stehe ich hier. Es ist kurz vor Weihnachten, das Fest der Liebe, die Zeit der Besinnlichkeit. Und auch wenn wir dieses Fest vielleicht nicht feiern werden wie geplant, ist es die Liebe, die uns das alles aushalten lässt. Die Liebe zu dir und deinem Bruder, die uns die letzten Kraftreserven mobilisieren lässt.

Deine Mama

Leon ging wochentags in den Kindergarten, das verschonte ihn vor weiteren Schrecksituationen, denn die schweren Anfälle erlitt Leni meist morgens oder mittags. Knapp zwei Wochen verbrachten wir teils auf der Kinderintensivstation, teils zu Hause. Markus und ich lösten uns täglich ab, sodass jeder von uns immer nur eine Nacht in der Klinik war und danach nach Hause konnte, um Kraft zu tanken.
Für Leon war dies eine Zeit großer Unsicherheit. Morgens frühstückten wir zu viert, und wenn ich ihn im Kindergarten ablieferte, war

unsere Welt noch in Ordnung. Krampfte Leni stark, fuhren Markus oder ich mit ihr im Rettungswagen in die Klinik. An keinem einzigen Tag konnte Leon sich darauf verlassen, dass nach dem Kindergarten seine Welt noch in Ordnung war. Mama oder Papa, Oma oder Opa, einer war immer für ihn da. Aber wer es war, das bestimmten die Anfälle.

Ich bewegte mich zwischen zwei Welten, körperlich und emotional. Wenn Markus mit Leni in der Koblenzer Kinderklinik war und ich zu Hause mit Leon, herrschte eine Art künstlicher Ruhe, denn natürlich konnte ich Lenis Zustand nicht ausblenden. Doch ich kam wenigstens dazu, mal durchzuatmen und ein paar Grundbedürfnisse wie Duschen und Haarewaschen zu erfüllen. Leon war Liebe pur, kostete aber auch Energie; er war ein lebendiges Kleinkind mit starkem Willen und unglaublich viel Empathie. Und Leni ... Wenn ich mit ihr im Krankenhaus war und mich um sie kümmerte, war ich ganz eng mit ihr. Ich kannte jede Facette von ihr, jede Mimik, jede Art, sich zu bewegen. Ich staunte, wie sie kämpfte, staunte, wie sie lächelte, wenn sie nach einem schweren Anfall ins Leben zurückkehrte. Sie jammerte nicht, nörgelte nicht, obwohl sie doch allen Grund dazu gehabt hätte bei dem, was das Leben ihr aufbürdete ... Was wir ihr aufgebürdet hatten, dachte ich manchmal, wenn dunkle Gedanken sich in mir breitmachten.

„Vielleicht hätten wir sie doch nicht operieren lassen sollen", sagte ich dann zu Markus.

„Sie hatte keine andere Option", erwiderte er.

„Aber so früh ... vielleicht war es einfach zu früh."

„Wir haben sie deshalb so früh operieren lassen, weil sie damit die größten Chancen hat, dass ihr Gehirn sich umbaut", entgegnete

Markus, und ich wusste ja, er hatte recht. Markus war die Stimme der Vernunft, wenn ich in die Gefilde von Schuldgefühlen abdriftete. Niemand konnte uns mit hundertprozentiger Sicherheit sagen, was gewesen wäre, wenn wir gewartet hätten. Wäre sie mit ihren Anfällen an dem gleichen Punkt angelangt wie jetzt? Waren es die strukturellen Veränderungen, die für all das verantwortlich waren, oder doch die Nekrose im Hippocampus? Ich wusste nur, dass ich mir massive Vorwürfe gemacht hätte, wenn es so gekommen wäre und ich sie eben noch nicht hätte operieren lassen.

Die Verantwortung, die wir trugen, war immens. Das minutiöse Beobachten, die Entscheidungen – Operation ja oder nein, Krankenhaus ja oder nein ... Wir hielten Lenis Zukunft in der Hand, und als ihr Atem immer wieder aussetzte, auch ihr Leben. Doch wer sonst hätte für sie Entscheidungen treffen sollen, wenn nicht wir?

Vielleicht waren die Anflüge von Schuldgefühlen auch bloß ein Ventil, um Schmerz und Leid auf mich zu nehmen, als könnte ich Leni so ein Stück davon befreien. Vielleicht brach sich auch meine Angst Bahn, weil ich zugestimmt hatte, dass Leni ein weiteres Mal operiert werden sollte und wir nicht die geringste Garantie hatten, dass es dabei keine Komplikationen gäbe. Wir trösteten uns mit Statistiken, doch wie das so ist mit Wahrscheinlichkeiten, ist ihre Aussagekraft im Einzelfall völlig nichtig ... Wenn es schiefgeht, dann bist du eben das eine Prozent, das halbe Prozent, das Hundertstel Prozent. Wobei: nicht du, sondern das eigene Kind.

♡ ♡ ♡

„Im Dezember wird es dir besser gehen", hatte ich Leni nach der Operation im November versprochen. Ich hätte wissen sollen, dass man mit Versprechen vorsichtig sein soll.
Andererseits wusste Leni nicht, was und wann Dezember war. Aber Leon wusste es. Er wusste auch, dass bald Weihnachten war. Ich hatte mir ausgemalt, wie die Augen unserer Kinder strahlen würden, wenn sie die Kerzen am Weihnachtsbaum sahen. Wie wir schöne Erinnerungen schufen für Leon. Leni wusste auch noch nicht, was Weihnachten war. Letztlich war das Fest in unserer Situation nicht wirklich von Bedeutung. Aber was von Bedeutung war, war das Gefühl, dass nichts mehr sicher war. Jedes Versprechen an Leni hatte eine Botschaft gehabt: Es wird dir bald wieder besser gehen. Das Leben wird wieder schön. Ich hatte mich daran entlanggehangelt, um nicht in den Abgrund zu stürzen, wenn ich den Boden unter den Füßen zu verlieren drohte.
Vielleicht hätte ich es besser wissen müssen, endlich verstehen, dass es im Leben keine Garantie auf ein „Besser" gibt.
Wir machten weiter und bekamen Übung darin, den Moment abzuschätzen, wann wir Leni das Notfallmedikament gaben. Hin und wieder zu früh, doch besser als zu spät. Wir hatten immer einen Rucksack mit Kleidung zum Wechseln für Leni und uns parat stehen, wenn es erneut notfallmäßig in die Klinik ging. Und als wir sicherer wurden, wagten wir uns an den guten Tagen zu viert auf den Weihnachtsmarkt und in die Stadt. Lange hatten wir überlegt und dann erkannt, dass wir, falls Leni krampfte, dort im Grunde sicherer waren als zu Hause. Zu uns brauchte der Rettungswagen immer zwischen elf und siebzehn Minuten, auf dem Weihnachtsmarkt stand einer bereit.
So schufen wir uns kleine Inseln, Minuten und manchmal sogar Stunden, während Weihnachten mit Riesenschritten näher kam. Der Plan

war, Heiligabend bei meiner Mutter zu verbringen, den ersten Weihnachtsfeiertag bei Markus' Eltern und den zweiten Weihnachtsfeiertag gemeinsam mit Freunden. Das war auch so ein Versprechen gewesen: „Weihnachten werden wir alle zusammen feiern."
Wie es sich zeigen sollte, wurde dieses ebenso gebrochen.

♡ ♡ ♡

Noch immer haben Markus und ich Erinnerungslücken, wenn wir an jene Zeit zurückdenken, so extrem war sie. Dann scrolle ich durch die Fotos, die ich an diesen Tagen gemacht habe. An einem bleibe ich hängen. Es ist das Kinderbett auf der Intensivstation, zwei Tage vor Weihnachten. Es ist leer, nur ein Teddy sitzt darin, ein lieber Willkommensgruß der Station für Leni. Alle, die dort arbeiteten, kannten sie inzwischen.
Ein leeres Bett mit einem Teddy. An dem Tag hatte nicht viel gefehlt, und es wäre leer geblieben. Am 22. Dezember morgens krampfte Leni so extrem, dass ihre Sauerstoffsättigung im kritischen Bereich blieb. Der Krankenwagen raste mit Blaulicht in die Klinik. Wieder hatte die Atmung ausgesetzt, knapp drei Minuten diesmal, sie war erneut ganz blau gewesen. Nie war ich dichter an den Moment gekommen, an dem ich dachte, sie stirbt und wir können nichts für sie tun.
Als sie im Krankenhaus untersucht wurde, krampfte sie erneut, ihre Sauerstoffsättigung fiel unter dreißig. Die Schwester hielt ihr eine Maske mit reinem Sauerstoff über die Nase, doch das brachte nichts, denn Leni konnte nicht einatmen. Das Wiederbelebungsset lag parat, und einen Moment später wurde sie intubiert. Und da stand ich und sah zu, wie Luft in Lenis Lungen gepumpt wurde, und erneut zerbrach etwas in mir.

KAPITEL 11

ALLES AUF EINE KARTE

Manchmal hätte ich mir gewünscht, so wie Leon die Hände vor die Augen zu halten und zu glauben, keiner könnte uns sehen: das Epilepsie-Monster nicht und die Angst auch nicht. Doch so einfach war das natürlich nicht. Unsere Situation zerrte Unaussprechliches ans Licht und sorgte dafür, dass ich mich in Szenarien wiederfand, die ich mir nie hatte vorstellen wollen.

Zwölf Tage hatten wir uns darauf verlassen können, dass das Notfallmedikament wirkte. Noch so eine Scheinsicherheit, die von der Realität zerstört wurde. Wir befanden uns in einem immer weiter eskalierenden Kampf.

Auch Leni kämpfte, doch etwas in ihr schien trotz des Schmerzes und der ständigen Anfälle unantastbar. Als sie nicht länger intubiert werden musste und wieder wach war, lachte sie uns an, quietschte und giggelte, als wäre nicht das Geringste geschehen.

Markus blieb bei ihr in der Klinik, während ich Leon vom Kindergarten abholte. Es war Freitag, in zwei Tagen war Heiligabend. Leon und ich backten Plätzchen, und während wir den Teig kneteten und ausrollten, fühlte sich seine Vorfreude für mich an wie eine kleine Therapie. Dass ich irgendwann wirklich eine Therapie brauchen würde, war mir längst klar. Wenn Ruhe bei uns einkehrte, wenn die nächste

Operation hinter uns lag und wir uns das Leben zurückeroberten. Dann müsste ich einen Weg finden, den ganzen tief in mir vergrabenen Schmerz ans Tageslicht zu befördern und loszulassen. Und etwas sagte mir, dass ich das allein nicht schaffen würde.

Nach Lenis schwerem Anfall rechneten wir nicht mehr damit, dass sie an den Weihnachtsfeiertagen entlassen werden würde. Markus wollte Heiligabend bei ihr bleiben, während ich allein mit Leon zu meiner Mutter nach Aachen fuhr. Es war ein seltsames Gefühl, Weihnachten getrennt zu verbringen. In all den Szenarien, die ich mir im Jahr zuvor ausgemalt hatte, war diese Möglichkeit niemals aufgetaucht. Was Leon anging, war er vor Enttäuschungen geschützt, da er sich an das letzte Weihnachtsfest nicht mehr erinnern konnte und somit auch nicht wusste, dass an diesen Tagen eigentlich die ganze Familie zusammenkommen wollte. Seine Augen strahlten, als er den Weihnachtsbaum sah, es gab Geschenke und Süßigkeiten, und er war genauso aufgeregt und glücklich, wie wir es uns erhofft hatten. Statt zu hadern, machten Markus und ich uns bewusst, wie viele Menschen an diesem Tag die Stellung hielten und ihrer Arbeit nachgingen – auch im Krankenhaus, wo Leni in Sicherheit war.
Für den ersten Weihnachtsfeiertag hatten wir geplant, dass ich Markus ablöste und er mit Leon bei seinen Eltern feiern konnte. Am Abend änderten sich unsere Pläne erneut, doch diesmal zum Guten.

Markus

Leni ist heute zuckersüß. Soll morgen entlassen werden, wenn sie keine nennenswerten Anfälle mehr hat.

Ich war so erleichtert. Und schon schmiedeten wir neue Pläne, beschlossen, gemeinsam zu Markus' Eltern zu fahren, und griffen nach den guten Momenten, die das Leben uns bot. So feierten wir also doch noch zusammen und genossen die guten Stunden, die uns geschenkt wurden.

Am zweiten Weihnachtsfeiertag blieben wir zu Hause, damit wir alle zur Ruhe kamen. Eigentlich hatten wir Freunde besuchen wollen, die ein wenig abgelegen wohnten. Doch wir wollten nicht riskieren, dass die Kinder unserer Freunde am Ende noch miterleben mussten, wie Leni krampfte und in Lebensgefahr schwebte. Außerdem brauchten wir in diesen Tagen einen sicheren Radius für den Notfall, damit ein Krankenwagen schnell vor Ort wäre. Der Bauernprotest vor ein paar Tagen, bei denen Bauern mit ihren Traktoren als Demonstration gegen die Sparpläne der Ampelregierung die Straßen und Autobahnen blockiert hatten, saß mir noch in den Knochen. Zwar hatten alle eine Rettungsgasse für uns gebildet, doch nicht immer funktionierte das. Und dann?

Drei volle Tage wurde Leni von Anfällen verschont. Ganz unverhofft verbrachten wir zu viert eine entspannte Zeit, auch wenn wir Leni nicht aus den Augen ließen.

Für die Zeit zwischen den Feiertagen hatte ich mir vorgenommen, das Ritual der Raunächte zu machen. Ich schrieb dreizehn Wünsche auf Zettel und faltete sie zusammen. Ab dem zweiten Weihnachtsfeiertag zog ich jeden Tag einen und verbrannte ihn dann, ohne einen weiteren Blick darauf zu werfen, in der Hoffnung, dass höhere Mächte sich darum kümmerten. Nur den dreizehnten Wunsch musste ich mir selbst erfüllen, so wollte es der Brauch.

Was meine Wünsche waren, ist nicht schwer zu erraten. „Ein Leben ohne Krampfanfälle für meine Familie", „Urlaub in Holland machen mit meiner Familie" und auch „Zeit mit Markus allein" hatte ich auf Zettel geschrieben, denn danach sehnte ich mich: dass es Leni so gut ging, dass wir sie zusammen mit Leon meiner Mutter übergeben konnten. Und wenn es bloß für einen Tag und eine Nacht wäre. Ich wünschte mir auch, wieder fit zu werden und mein Wunschgewicht zu erreichen – und ausgerechnet das war der Wunsch, den ich als Letztes zog und den ich mir selbst erfüllen musste. Wäre ja auch zu schön gewesen, wenn sich das auf magische Weise ganz von allein erfüllt hätte.

♡ ♡ ♡

Nachdem sich die Situation mit Leni derart zugespitzt hatte, beschlossen Markus und ich, ihre Erkrankung auf Instagram zu kommunizieren.

Monatelang hatte ich mich geweigert, alles preiszugeben, um Leni und auch uns zu schützen und das Thema ihrer Erkrankung nicht zu zerreden. Instagram war an manchen Tagen für mich wie eine Insel gewesen, auf die ich mich für ein paar Minuten zurückziehen konnte, wenn Markus bei Leni war. Auf keinen Fall wollte ich, dass unsere Situation Klicks generierte, denn es handelte sich um ein Thema, das unsere Familie ins Herz traf, und nicht um irgendwelche Highlights.

Inzwischen hatte sich unsere Situation geändert, und es gab viele Gründe, offen mit allem umzugehen. An guten Tagen bewegten wir uns frei in Koblenz und wollten uns nicht verstecken, dazu fehlte uns die Kraft. Meine Mutter war auf der Straße angesprochen worden, was denn mit Leni sei. Markus' Eltern wurden gefragt, Freundinnen und Freunde. Dabei ging es den allermeisten Menschen darum, ihr Mitgefühl auszudrücken, weil sie sich Sorgen machten. So auch meine Community. Nachdem ich mich im November für eine Weile von Instagram verabschiedet und kommuniziert hatte, dass Leni eine schwere Operation bevorstand, hatte ich Tausende lieb gemeinter Nachrichten und Kommentare von Menschen bekommen, die mir seit fast einem Jahrzehnt folgten. Wir waren Teil ihres Lebens und umgekehrt. Sie hatten Kerzen angezündet, an Leni gedacht und für sie gebetet, auch wenn die wenigsten von ihnen wussten, was wirklich los war. Sie nahmen Anteil, so wie auch ich es tat, wenn jemand aus meinem Bekanntenkreis einen Schicksalsschlag durchlebte. Ich wollte sie nicht länger in der Schwebe lassen.

Markus und ich hatten lange darüber gesprochen, in welcher Intensität wir Lenis Erkrankung und unsere neue Realität kommunizieren wollten. Uns war klar, dass die Wahrheit am einfachsten war, auch wenn es wehtat, sie auszusprechen, und sie für die meisten sicher schwer nachzuvollziehen war.

Also ging ich auf Instagram und redete drauflos. Ich erzählte von Lenis Diagnose und erklärte, warum ihr keine Medikamente halfen, nicht auf Dauer zumindest. Ich beschrieb die Läsionektomie, die gemacht worden war, und auch die Komplikationen. Auf die Einzelheiten ging ich nicht ein, es war schon so hart genug. Zuletzt erwähnte ich die große Operation, die anstand. Während ich darüber sprach, spürte ich, wie unwirklich das klang: dass Leni mit einer halben Hirnhälfte besser dran wäre als mit einem ganzen Gehirn.

Ich spürte auch etwas anderes. Nämlich, dass mir ein Stein vom Herzen fiel, weil ich mich nicht mehr verstecken und auch nicht mehr ständig überlegen musste, was ich sagen und wie ich etwas erklären konnte, ohne Spekulationen zu nähren.

Und noch etwas wurde mir bewusst, während die Nachrichten und Reaktionen aus meiner Community im Sekundentakt eintrafen. Ich konnte meine mediale Reichweite nutzen, um etwas für Menschen zu bewirken, die besondere Bedürfnisse hatten. Leni würde erneut Blutkonserven brauchen; ich konnte zur Blutspende für andere aufrufen. Ich konnte auf die Realität pflegender Eltern aufmerksam machen und darauf, wie mancherorts mit Menschen mit Behinderung umgegangen wurde. Noch sah man Leni nicht an, wie krank sie war, aber irgendwann würde sie eine Orthese tragen, um die gelähmte Seite ihres Körpers zu stabilisieren. Dann würde für uns das Realität werden, was pflegende Eltern täglich erleben: fehlende Barrierefreiheit, mangelnde Inklusion, mitleidige Blicke und einiges mehr. Ich konnte auch anderen Eltern mit kranken Kindern Mut machen und ihnen neue Perspektiven bieten. Nicht jetzt gleich, aber sobald es Leni besser ginge.
Als ich endete, war ich erschöpfter als nach einem Marathonlauf. Ich hatte mir die Tränen verbissen, denn eines wollte ich auf keinen Fall: unsere Realität als Drama kommunizieren. Doch wenn dein Herz gebrochen ist, kostet es Kraft, es zusammenzuhalten und so zu tun, als könntest du all das aushalten, was deinem Kind widerfährt.

♡ ♡ ♡

Silvester wollten wir mit Freunden feiern. Am Morgen krampfte Leni extrem stark und hatte erneut Atemnot, doch diesmal sprach sie zum Glück schnell auf das Notfallmedikament an. Wir blieben in Absprache mit den Ärzten zu Hause, kuschelten am Neujahrsmorgen lange alle zusammen im Bett, gingen spazieren und machten lauter schöne Familiensachen zusammen. Wir hatten Glück, Leni hatte ganze fünf

Tage hintereinander keinen Anfall, und so entspannten wir ein wenig. Das war auch dringend nötig, denn unser Level an Anspannung war extrem hoch und hinterließ deutliche Spuren in Markus und mir.
Bei unserem letzten Aufenthalt in der Kinderklinik hatte eine Schwester vom Bunten Kreis in die Wege geleitet, dass eine Intensiv-Kinderkrankenschwester zu uns nach Hause käme, um uns zu unterstützen. Sie nahm für vier Stunden am Tag unseren Platz neben Leni ein, beobachtete sie und wusste genau, was zu tun wäre, sollte sie krampfen. Das war eine große Entlastung, denn so waren wir in der Lage, uns um alltägliche Dinge und die Arbeit zu kümmern, und konnten uns darauf verlassen, dass Leni im Notfall gut versorgt wäre.
Als die Raunächte zu Ende gingen, wurden Lenis Anfälle so intensiv, dass unser Koblenzer Arzt sich mit den Kollegen in Bethel austauschte. Gemeinsam entschieden sie, Leni zusätzlich Clobazam zu geben, ein starkes Benzodiazepin, das sowohl sedierend als auch gegen Krämpfe wirkt. Natürlich hatte es seinen Preis, was Nebenwirkungen anging. Aber die Gefahr, dass die Anfälle sich generalisierten und das ganze Gehirn schädigten, war einfach zu groß. Leni wirkte entsprechend gedämpft, doch es kehrte Ruhe ein, und wir alle atmeten ein wenig auf.

♡ ♡ ♡

Am 16. Januar machte ich mich mit Leni auf den Weg nach Bethel zur prächirurgischen Diagnostik. Der geplante Eingriff war so groß und einschneidend, dass zur medizinischen Einschätzung eine vollständige Anfallsdiagnostik notwendig war. Das hieß, es mussten erneut ein MRT sowie ein Langzeit-EEG gemacht werden. Bevor eine vollständige Hirnhälfte funktionell abgetrennt wurde, musste sichergestellt werden, dass die verbleibende Hälfte nicht von Strukturveränderungen betroffen war und keinerlei epileptisches Potenzial aufwies. Hinzu kamen ein epileptologisches und ein chirurgisches Aufklärungsgespräch, ein weiteres Gespräch mit dem Anästhesie-Team sowie ein neuropsychologisches Gutachten.

Drei Tage hatte Leni nicht mehr gekrampft und tat es auch jetzt nicht. Um das EEG durchzuführen und auszuwerten, waren Anfälle jedoch zwingend notwendig. Nur so konnten die Ärzte erkennen, wo der Herd saß. Daher blieb ihnen nur die Möglichkeit, Anfälle hervorzurufen. Entsprechend wurde in den folgenden Tagen ein Medikament nach dem anderen abgesetzt. Natürlich hatte ich Angst um Leni. Ihre gesunde linke Hirnhälfte hatte zuletzt nur mit schweren Medikamenten geschützt werden können; ihr gesamtes Überleben hing davon ab. Doch es gab keinen anderen Weg.

Leni aber blieb stabil.

Ursprünglich hatten wir nicht geplant, so lange in Bethel zu bleiben. Leon baute ein wenig ab, er brauchte eine Dosis Mama. Mit Leni das Krankenhaus zu verlassen, war jedoch keine Option. Also beschlossen Markus und ich zu tauschen.

Mit gemischten Gefühlen setzte ich mich ins Auto und fuhr nach Hause zu Leon. Mir war sehr wohl bewusst, dass Leni weit davon entfernt war, auf wundersame Weise anfallsfrei zu bleiben. Vielmehr fühlte es sich an wie die Ruhe vor dem Sturm. Ich war bloß froh, dass sie im Krankenhaus in Sicherheit war, wenn er zuschlug.

Und er schlug zu wie noch nie zuvor.

♡ ♡ ♡

Markus hat kaum noch Erinnerungen an diese Zeit, so extrem war er gefordert. Doch wenn wir in unseren Chatverlauf sehen, ist alles wieder da: der blanke Horror dieser Tage.
In der Nacht nach meiner Rückkehr holte ich Leon zu mir ins Bett und schlief nach den anstrengenden Tagen in der Klinik durch bis morgens um kurz nach sechs. Mein erster Blick nach dem Aufwachen fiel auf die App, in der wir Lenis Anfälle trackten. Mein Magen zog sich zusammen. Um 1:36 Uhr hatte Leni das erste Mal gekrampft. Inzwischen waren es bereits zehn Anfälle.

Anfallprotokoll vom 26. Januar 2024

1:36

2 min: Absence

Kopf/Blick nach rechts. Flache Atmung. Schmatzen/Verziehen Mund.

+19 min

1:55

2 min: Absence

Kopf/Blick nach rechts. Flache Atmung. Schmatzen/Verziehen Mund. Rechtes Bein angehoben.

+23 min

2:18

2 min: Absence

Kopf/Blick nach rechts. Flache Atmung. Schmatzen/Verziehen Mund. Rechtes Bein angehoben.

+9 min

2:27

2 min: Absence

Kopf/Blick nach rechts. Flache Atmung. Schmatzen/Verziehen Mund. Rechtes Bein angehoben. Auge links weniger geöffnet bzw. sichtlich angespannt.

+15 min

2:42

3 min: Absence

Kopf/Blick nach rechts. Flache Atmung. Schmatzen/Verziehen Mund. Rechtes Bein angehoben. Auge links weniger geöffnet bzw. sichtlich angespannt.

+18 min

3:00

3 min: Absence

Kopf/Blick nach rechts. Flache Atmung. Schmatzen/Verziehen Mund. Rechtes Bein angehoben. Auge links weniger geöffnet bzw. sichtlich angespannt.

+11 min

3:11

3 min: Absence

Kopf/Blick nach rechts. Flache Atmung. Schmatzen/Verziehen Mund. Rechtes Bein angehoben. Auge links weniger geöffnet bzw. sichtlich angespannt.

+1 h 37 min

4:48

2 min: Absence

Im Schlaf. An ihrer Stimme bemerkt. Geräusch wie sonst, nur sehr leise. Halbrückenlage.

+49 min

5:37

3 min: Absence

Kopf/Blick nach rechts. Auge links weniger geöffnet bzw. sichtlich angespannt. Flache Atmung.

+30 min

6:07

3 min: Absence

Kopf/Blick nach rechts. Auge links weniger geöffnet bzw. sichtlich angespannt. Flache Atmung.

+42 min

Voller Sorge schrieb ich Markus.

Vanessa

Geht es immer noch weiter, oder schläft sie jetzt?

Markus

Sie ist wach. Lacht mich gerade an.

Er schickte mir ein Bild. Lenis Haar war seit der Operation richtig gewachsen und gerade frisch gewaschen. Sie sah aus wie ein kleiner Igel und strahlte über das ganze Gesicht in die Kamera. Ich konnte es nicht fassen.
Das nächste Bild, das eintraf, war das neueste MRT, das ausgewertet worden war. Darauf war der rechte Hippocampus stark verändert. Der Bereich, von dem vermutlich die Anfälle mit Atemaussetzern ausgingen.

Vanessa

Krankes Bild. Mir wird schlecht.

Markus

Ja, hier sieht es ganz extrem aus.

Vanessa

Mir tut das so weh. Kann gar nicht mehr klar denken.
Hab viel mehr Angst diesmal vor der Operation,
nicht vor dem Ergebnis.
So Angst, dass es danach in einer Katastrophe endet.

Markus

Ich mache mir auch ständig Sorgen.
Weiß manchmal nicht, wohin damit.

Bevor wir die Gelegenheit hatten, weiterzuchatten, krampfte Leni erneut. Mittags waren es bereits achtzehn Anfälle.

6:49

4 min: Absence

Auge links weniger geöffnet bzw. sichtlich angespannt. Flache Atmung. Rechtes Bein angehoben. Schmatzen/Verziehen Mund. Kopf/Blick nach rechts.

+39 min

7:28

4 min: Absence

Auge links weniger geöffnet bzw. sichtlich angespannt. Flache Atmung. Rechtes Bein angehoben. Schmatzen/Verziehen Mund. Kopf/Blick nach rechts.

+58 min

8:26

4 min: Absence

Auge links weniger geöffnet bzw. sichtlich angespannt. Flache Atmung.

Auf linker Seite liegend.

+35 min

9:01

4 min: Absence

Auge links weniger geöffnet bzw. sichtlich angespannt. Flache Atmung. Schmatzen/Verziehen Mund. Speichelfluss. In Trage.

+45 min

9:46

5 min: Absence

Auge links weniger geöffnet bzw. sichtlich angespannt. Flache Atmung. Schmatzen/Verziehen Mund. In Trage.

+19 min

10:05

5 min: Absence

Auge links weniger geöffnet bzw. sichtlich angespannt. Flache Atmung. Kopf/Blick nach rechts. Beide Augenlider werden zusammengedrückt. Schmatzen/Verziehen Mund.

+34 min

10:39

5 min: Absence

Auge links weniger geöffnet bzw. sichtlich angespannt. Flache Atmung. Kopf/Blick nach rechts. Beide Augenlider werden zusammengedrückt. Schmatzen/Verziehen Mund. Weit geöffnete Augen.

+1 h 14 min

11:53

4 min: Absence

Auge links weniger geöffnet bzw. sichtlich angespannt. Flache Atmung. Kopf/Blick nach rechts. Beide Augenlider werden zusammengedrückt. Schmatzen/Verziehen Mund. Weit geöffnete Augen.

+53 min

Markus hatte auch die Medikamentengabe eingetragen. Wie es aussah, hatte Leni nur fünfundvierzig Minuten nach der Diazepam-Verabreichung erneut gekrampft. Demnach hatte sich die Wirkungsdauer des Medikaments verkürzt. Wo sollte das bloß hinführen?

Julia schrieb mir. Ihre Tochter hatte Chloralhydrat bekommen, ein starkes Schlafmittel. Doch Lenis Ärzte wollten sich das Medikament aufsparen, falls sie in einen Status epilepticus fiel.
Kurz vor sieben am Abend waren es einunddreißig Anfälle. Was kam da bloß auf uns zugerollt?

12:46

4 min: Absence

Auge links weniger geöffnet bzw. sichtlich angespannt. Flache Atmung. Kopf/Blick nach rechts. Beide Augenlider werden zusammengedrückt. Schmatzen/Verziehen Mund. Weit geöffnete Augen.

+31 min

13:17

5 min: Absence

Auge links weniger geöffnet bzw. sichtlich angespannt. Flache Atmung. Kopf/Blick nach rechts. Beide Augenlider werden zusammengedrückt. Schmatzen/Verziehen Mund. Weit geöffnete Augen.

+35 min

13:52

4 min: Absence

Auge links weniger geöffnet bzw. sichtlich angespannt. Flache Atmung. Kopf/Blick nach rechts. Beide Augenlider werden zusammengedrückt. Schmatzen/Verziehen Mund. Weit geöffnete Augen. In Trage.

+31 min

14:23

4 min: Absence

Auge links weniger geöffnet bzw. sichtlich angespannt. Flache Atmung. Kopf/Blick nach rechts. Beide Augenlider werden zusammengedrückt. Schmatzen/Verziehen Mund. Weit geöffnete Augen. Speichelfluss.

+10 min

14:33

4 min: Absence

Auge links weniger geöffnet bzw. sichtlich angespannt. Flache Atmung. Kopf/Blick nach rechts. Beide Augenlider werden zusammengedrückt. Schmatzen/Verziehen Mund. Weit geöffnete Augen. Speichelfluss. Zittern Unterkiefer. Zittern Körper.

+17 min

14:50

4 min: Absence

Auge links weniger geöffnet bzw. sichtlich angespannt. Flache Atmung. Kopf/Blick nach rechts. Beide Augenlider werden zusammengedrückt. Schmatzen/Verziehen Mund. Weit geöffnete Augen. Speichelfluss.

+7 min

14:57

5 min: Absence

Auge links weniger geöffnet bzw. sichtlich angespannt. Flache Atmung. Kopf/Blick nach rechts. Beide Augenlider werden zusam-

mengedrückt. Schmatzen/Verziehen Mund. Weit geöffnete Augen. Speichelfluss.
Nach ca. 2 Minuten wenige Sekunden geglaubtes Ende des Anfalls.
+46 min

15:43

4 min: Absence

Auge links weniger geöffnet bzw. sichtlich angespannt. Flache Atmung. Beide Augenlider werden zusammengedrückt. Schmatzen/Verziehen Mund. Weit geöffnete Augen. In Trage.
+40 min

16:23

4 min: Absence

Auge links weniger geöffnet bzw. sichtlich angespannt. Flache Atmung. Beide Augenlider werden zusammengedrückt. Kopf/Blick nach rechts. Schmatzen/Verziehen Mund. Weit geöffnete Augen.
Wie zuvor die ersten 1.5 Minuten Symptome Augen und Anspannung mit Grummeln, danach gute 3 Minuten.
+32 min

16:55

4 min: Absence

Auge links weniger geöffnet bzw. sichtlich angespannt. Flache Atmung. Beide Augenlider werden zusammengedrückt. Beide Augenlider werden zusammengedrückt. Kopf/Blick nach rechts. Angespannte Atmung.
+43 min

17:38

4 min: Absence

Auge links weniger geöffnet bzw. sichtlich angespannt. Flache Atmung. Beide Augenlider werden zusammengedrückt. Beide Augenlider werden zusammengedrückt. Kopf/Blick nach rechts. Angespannte Atmung. Weit geöffnete Augen.

+19 min

17:57

4 min: Absence

Auge links weniger geöffnet bzw. sichtlich angespannt. Flache Atmung. Beide Augenlider werden zusammengedrückt. Beide Augenlider werden zusammengedrückt. Kopf/Blick nach rechts. Angespannte Atmung.

+54 min

18:51

4 min: Absence

Auge links weniger geöffnet bzw. sichtlich angespannt. Flache Atmung. Beide Augenlider werden zusammengedrückt. Beide Augenlider werden zusammengedrückt. Kopf/Blick nach rechts. Angespannte Atmung.

+ 1h 15 min

Was nicht im Protokoll stand?

Dass Markus pausenlos an Lenis Bett saß oder stand. Um den Moment nicht zu verpassen, wenn ein Anfall womöglich in den nächsten überging und es zu einem gefährlichen Cluster kam, der in einen Status epilepticus münden konnte.

Ich wünschte bloß, ich hätte Markus umarmen oder ihn ablösen können. Zum Trost schickten wir uns Bilder von den Kindern.
„Wann kommen Papa und Leni zurück? Sonntag?", wollte Leon wissen.
„So schnell wir können", meinte Markus.
Ende November hatten wir damit begonnen, gemeinsam zu Abend zu essen, auch wenn einer von uns mit Leni in der Klinik war. Mit dabei: das iPad. Obwohl wir an unterschiedlichen Orten waren, fühlte es sich dank Facetime so an, als wären wir doch irgendwie zusammen. Auf diese Weise wollten wir vermeiden, dass Leon sich von Leni entfremdete.
Zugleich bekam er eine Menge mit. „Die Leni ist noch mit Papa im Krankenhaus, weil sie Anfälle hat", pflegte er zu sagen, wenn er Freudinnen und Freunde zu Besuch hatte, die sich nach seiner kleinen Schwester erkundigten.

Spät in der Nacht, als Leon schlief, blickte ich erneut in die App. Es war erschütternd. Neununddreißig Anfälle, obwohl Leni mittags eine Extra-Dosis Clobazam bekommen hatte. Das Gewitter in ihrem Kopf tobte, und ich hatte extreme Angst vor seiner zerstörerischen Kraft.

20:06

3 min: Absence

Flache Atmung, Kopf/Blick nach rechts. Angespannte Atmung im Schlaf. Wird dabei nicht richtig wach.

+44 min

20:50

2 min: Absence

Flache Atmung, Kopf/Blick nach rechts. Angespannte Atmung. Erneut im Schlaf. Dreht sich kurzzeitig nach rechts. Augen bleiben geschlossen.

+14 min

21:04

2 min: Absence

Flache Atmung, Kopf/Blick nach rechts. Angespannte Atmung. Auge links weniger geöffnet bzw. sichtlich angespannt. Beide Augenlider werden zusammengedrückt.

+28 min

21:32

4 min: Absence

Flache Atmung, Kopf/Blick nach rechts. Angespannte Atmung. Weit geöffnete Augen.

+51 min

22:23

3 min: Absence

Flache Atmung, Kopf/Blick nach rechts. Angespannte Atmung.

+14 min

22:37

2 min: Absence

Angespannte Atmung. Flache Atmung.

+12 min

22:49

4 min: Absence

Angespannte Atmung. Kopf/Blick nach rechts. Weit geöffnete Augen. Auge links weniger geöffnet bzw. sichtlich angespannt.

+44 min

23:33

3 min: Absence

Angespannte Atmung im Schlaf.

Mein Herz wurde schwer. Was auch nicht im Protokoll stand?
Dass Leni litt.
Ich fragte mich unwillkürlich, was das für ein Leben für sie war. Ob das überhaupt noch ein Leben war.
Wohin dieser Gedanke führte?
Mit Markus konnte ich darüber nicht sprechen. Er wollte, er musste daran glauben, dass mit der zweiten OP alles gut werden würde. Es hatte ihm bereits eine Menge abverlangt, diesen Eingriff schlussendlich zu akzeptieren. Mehr ging nicht, mehr konnte er nicht zulassen.
Ich hingegen musste auch diese Situation zu Ende denken, ich konnte nicht anders. Und es waren nicht bloß Gedanken, es waren auch die begleitenden Gefühle, durch die ich ging. Um auf das Schlimmstmögliche vorbereitet und dann auch in der Lage zu sein, im äußersten Notfall Entscheidungen zu treffen, die Leni noch mehr Leid ersparten.
Eltern schwerstkranker Kinder werden zwangsläufig mit dem Thema Tod konfrontiert. Es wäre vermessen zu sagen, ich könnte mich in das

hineinversetzen, was man fühlt, wenn das eigene Kind nur noch palliativ behandelt wird und schließlich stirbt. Es sprengt meine Vorstellungskraft, wie man das bewältigen und eines Tages wieder glücklich sein kann. Ich kann nur von unserer Situation, von meinen eigenen Gefühlen und Gedanken schreiben, davon, was in mir vor sich ging, als Lenis Situation immer weiter eskalierte.

Als sie im November das erste Mal operiert wurde und die Läsionektomie nicht ausreichte, als sich unsere Situation während der Weihnachtstage durch ihren Atemstillstand zuspitzte, machte sich Todesangst in mir breit. Dabei fühlte sich der Gedanke, mein Kind könnte sterben, völlig falsch an, gegen jede Natur. So, als wäre die natürliche Reihenfolge gewaltsam außer Kraft gesetzt. Erst ich, dann sie, so sollte es ablaufen und nicht andersherum. Der Instinkt, Leni beschützen zu wollen, war übermächtig, und das Wissen, dass ich nichts für sie tun konnte, auf brutale Art ernüchternd.

Ich hatte mich schon vorher mit der Möglichkeit des Todes auseinandersetzen müssen. Beim ersten Mal war Leni noch keine Woche alt, damals unterschrieb ich den Aufklärungsbogen für ihr erstes MRT. Dann, während wir die Entscheidung für ihre erweiterte Läsionektomie trafen, geisterte natürlich das Operationsrisiko durch meine Gedanken. Die Wahrscheinlichkeit schwerer Komplikationen lag bei zwei bis fünf Prozent und war damit deutlich niedriger, als wenn wir sie nicht operieren ließen. Und dennoch fragte ich mich vor ihrer ersten Operation ganz automatisch, ob Leni ihre Organe spenden könnte, bei all den Medikamenten, die sie bekam.

Mit aller Kraft wünschte ich mir eine Welt herbei, in der die Möglichkeit, dass sie sterben könnte, ganz einfach nicht existierte.

♡ ♡ ♡

Am nächsten Morgen brauchte Leni einen Zugang, damit die Ärzte jederzeit ein Medikament direkt in ihre Vene spritzen konnten. Die meisten Notfallmedikamente hatte sie rektal in Form einer Lösung bekommen. Oral wäre es nicht möglich gewesen, da bei einem Anfall häufig ihr Mund zugekniffen war oder sie speichelte und auch nicht hätte schlucken können.
Markus war völlig fertig, denn das Legen des Zugangs klappte nicht, obwohl der Arzt per Ultraschall nach einer Vene suchte. Doch Babys haben eine dicke Haut, das Stechen ist nicht leicht. Leni musste erneut sediert werden.

Markus

Der Arzt hier macht das so toll, er ist so ruhig von seiner Art her. Aber es tut mir so weh, das zu sehen. Sie hat jetzt ganz viel Ketamin bekommen und Midazolam und dann noch mal Propofol über die Kopfvene, bis sie eingeschlafen ist, damit sie den Zugang legen konnten.

Wir weinten beide.
Zwei Stunden später wurde Lenis Arm geschient, weil der Infusionsapparat Druckalarm gab. Der Schlauch, der in ihrem Arm steckte, reichte bis in die Schulterpartie hinein. Das Ganze musste fixiert werden, damit er durch ihre Bewegungen nicht verrutschte.
Für Markus war es extrem hart, zuzusehen, wie Leni litt, und nichts dagegen tun zu können. Und ich vermisste meine kleine Maus so sehr. Ich wollte Markus unbedingt ablösen, doch am Abend bekam Leon hohes Fieber. Er brauchte mich, und ich musste sichergehen, dass ich mich nicht angesteckt hatte, um Leni nicht zu gefährden.
Irgendwie hangelten wir uns weiter, und Markus hielt durch. Um duschen und sich rasieren zu können, veranstaltete er mit Notebook

und Handy ein Zoommeeting. Während die Kamera auf Leni gerichtet war, konnte er sie über das Handy im Bad überwachen. Ich musste lachen, als er mir davon schrieb. Und das tat gut, denn Leni krampfte so stark, dass die Realität kaum mehr zu ertragen war.

Und wieder spitzte sich die Situation zu. Leni konnte kaum schlafen, weil sie so häufig krampfte. Sie bekam hoch dosiertes Levetiracetam, ein Anti-Epileptikum, das als Infusion verabreicht werden konnte. Mittags war ihre Brust geschwollen, offenbar lief die Infusionslösung ins Gewebe. Die Ärzte überlegten, ihr eine Magensonde zu legen, um die Medikamente so zu verabreichen. Markus entschied sich dagegen, Leni litt schon genug.

Tags darauf kam es zu einem Cluster: Die Anfälle traten so dicht hintereinander auf, dass Leni schließlich in einen Status epilepticus fiel. Was wir die ganze Zeit befürchtet hatten, war nun also eingetreten. Zwei Stunden hing sie darin fest. Die Ärzte schafften es nicht, sie trotz zweimaliger Gabe von je 5 mg Diazepam und 1000 mg Chloralhydrat herauszuholen, was der Höchstdosis entsprach.

Bisher hatten wir uns immer dann, wenn unsere Welt ins Wanken geriet, an den Ärzten festhalten können. Zu spüren, dass Lenis behandelnder Arzt inzwischen auch am Limit und wirklich ratlos war, fühlte sich an, als würde mir jemand gewaltsam die Luft abdrücken. Wenn selbst die Ärzte Angst bekommen, weil eine Situation lebensbedrohlich wird und ihre Möglichkeiten rapide sinken, dann katapultiert einen das als Eltern in Dimensionen, die nichts anderes als blanker Horror sind.

Als eine der letzten Möglichkeiten stand die Überlegung im Raum, Leni in eine Narkose zu versetzen, damit ihr ganzes System herunterfuhr. Doch eine Narkose in ihrem Zustand, mit allem, was sie bereits verabreicht bekommen hatte, barg immense Risiken. Schließlich entschied sich ihr Arzt dazu, Leni zusätzlich noch Höchstdosen der Anti-Epileptika Levetiracetam und Lacosamid über den Zentralvenenkatheter zu geben, der ihr inzwischen gelegt worden war. Es war bitter, doch erst diese Kombination schaffte es schließlich, den Status zu unterbrechen. Die Folgen waren zu diesem Zeitpunkt nicht absehbar. Leni schlief anschließend fast vierzehn Stunden lang.

♡ ♡ ♡

Am 29. Januar war Leni medikamentös so passgenau eingestellt, dass die geplante Hemisphärotomie vorerst nicht vorgezogen werden musste. Der Termin war für den 14. Februar angesetzt worden.
Wenn uns eines in den vergangenen Tagen klar geworden war, dann, dass sie diese Operation dringend brauchte. Es war keine Option mehr, es war ihre einzige Chance. Wir mussten alles auf diese eine Karte setzen. Die Medikamente waren in ihrer Dosis so stark erhöht worden, dass dies nur eine kurzfristige Lösung sein konnte. Ihre Verabreichung lief nach einem eng getakteten Plan, um das Risiko von Wechselwirkungen vertreten zu können. Wir hofften bloß, dass Leni in den nächsten zwei Wochen zur Ruhe kam und Kraft sammeln konnte.
Ich wünschte mir so sehr, dass sie keine weiteren Krämpfe aushalten musste und keine Komplikationen erlitt. Nach der OP nicht und auch in ihrem ganzen weiteren Leben nicht.
In diesen Tagen, die uns bis zur Hirnhälftenabtrennung blieben, war Leni von ihrem ganzen Wesen her zwar leicht benommen, doch unglaublich lieb und fröhlich. Es war ein bittersüßes Gefühl, sie lachen zu hören. Sie wusste ja nicht, was sie erwartete. Ich bemühte mich,

die Erinnerungen an die erste Operation weitestmöglich zu verdrängen. *Es muss nicht wieder so kommen*, sagte ich mir, *es kann auch alles einfach mal gut gehen.*

Ein Jahr zuvor hatte sich mein Bauch gewölbt, mein Baby war gewachsen und mit ihm mein großes Glück. Jetzt war ich innerlich gewachsen und hatte in den vergangenen Wochen ganz andere Facetten des Lebens und auch des Glücks kennengelernt. Die Erleichterung, wenn ein Anfall durchbrochen war und Leni wieder Luft bekam. Die pure Liebe, die sie verströmte, das zuckersüße Lachen, als hätte sie nie auch nur ein Quäntchen Schmerz erlitten.
In den vergangenen Monaten war sie von einem zauberhaften Baby zu einer kleinen Persönlichkeit herangereift. Sie war das Kind, das meiner Familie gefehlt hatte, um vollständig zu sein. So wie sie war, machte sie uns komplett. Wir liebten sie aus vollem Herzen. Ja, die Situation hatte uns enorm viel abverlangt. Aber es war immer nur darum gegangen, ihr helfen zu wollen und nicht wirklich dazu in der Lage zu sein.
In meinem Austausch mit pflegenden Eltern hatte ich hautnah mitbekommen, dass ein Teil der Gesellschaft Menschen mit Behinderung als Last betrachtet. Weil sie „den Staat", „die Steuerzahlenden" etwas kosten. Doch Menschen, die nicht so funktionieren wie die meisten, die angeborene oder erworbene Beeinträchtigungen haben, bergen in ihrem Wesen oft die größten Schätze. Und sie erinnern uns daran, was wirklich zählt. Unser Leben kann sich in jeder Sekunde von Grund auf ändern. Ich für meinen Teil hoffe, dass ich, sollte mir jemals etwas Vergleichbares zustoßen, eine solche Kraft, solchen Kampfgeist und ein so positives Wesen wie Leni hätte. Unverbrüchlich und in ihrem Licht so viel stärker als die Dunkelheit.

TEIL III

Hoffnung

KAPITEL 12

LENIS ZWEITE OP

Es war 7:37 Uhr, als wir Leni zum OP brachten. Ein Anästhesie-Team empfing uns, alle waren sehr lieb zu ihr. In der Nacht zuvor hatte ich gedacht, es würde mir diesmal etwas leichter fallen, sie abzugeben, es war ja nicht das erste Mal. Doch als es so weit war, wurde mir das Herz unendlich schwer. Aber wir hatten keine Wahl. Wir übergaben sie in dem Wissen, dass das Beste für sie getan wurde – und in der Angst, dass das Beste nicht genug wäre.

Ein Teil von mir hätte sich am liebsten in eine Ecke verzogen und geheult. Aber das hätte Leni nichts gebracht. Wir entschieden uns wie schon bei der ersten OP dafür, die Zeit des Wartens gemeinsam durchzustehen und uns möglichst abzulenken. Das klang pragmatisch, und vielleicht war es das auch; andererseits kommt man in einer solchen Situation an den Punkt, an dem man erkennt, dass nichts, was man tut, etwas ändern kann an dem, was geschieht. Wir hatten nicht nur Leni, sondern auch jegliche Kontrolle über diese Situation abgegeben. In Wahrheit waren wir völlig machtlos.
Als Erstes machten wir uns auf den Weg in eine Kirche in der Bielefelder Altstadt, um Kerzen anzuzünden für Leni, für Leon und uns. Direkt darüber hing der Vers aus dem 1. Korintherbrief der Bibel:

Nun aber bleiben Glaube, Liebe, Hoffnung, diese drei; aber die Liebe ist die größte unter ihnen.

Genau das war immer unser Satz für Leni gewesen. Wenn dir gar nichts mehr bleibt, dann ist immer noch die Liebe da.

Später machten wir Sport. Eine Stunde lang atmen, schwitzen, nicht denken. Den Schmerz aus sich rauspowern. Danach frühstückten wir, gingen Händchen haltend durch die Straßen. Es war Valentinstag. Hätte uns jemand beobachtet, so hätte er uns für ein verliebtes Pärchen gehalten, das gerade ein Date hatte. Wir lachten, schmiegten uns aneinander, sogen nach all den Wochen, die wir getrennt voneinander verbracht hatten, die Nähe auf. Es war eine seltsame Situation. Du läufst durch eine fremde Stadt, siehst in einem Schaufenster einen Glitzerrock, kaufst ihn für die kleine Tochter einer deiner engsten Freundinnen, während deinem eigenen Kind der Schädel aufgesägt und eine Hirnhälfte abgetrennt wird. Doch indem wir uns ausklinkten aus unserer Realität, uns unsere kleine Blase schufen, tankten wir Kraft für die anstrengende Zeit, die auf uns wartete. Liebe ist die Antwort auf alles, und davon hatten wir im Übermaß.
Später aßen wir Pasta im selben Restaurant wie während der OP im November. Wir bekamen beide kaum etwas herunter, wussten aber, wir mussten essen, da wir in den kommenden Tagen kaum Gelegenheit dazu haben würden. Während ich in den Nudeln herumstocherte, konnte ich die Gedanken an Leni nicht länger verdrängen. Ich legte die Gabel zur Seite und schrieb ihr ein paar Zeilen.

Liebe Leni,

ich kann es kaum glauben, dass ich dir diesen Brief schreibe. Heute ist der Tag, der über unser, aber vor allem dein Leben entscheidet. Heute wird dir deine rechte Hirnhälfte funktionell abgetrennt. Und ich kann bis heute nicht begreifen, dass das geht. Dass du danach lebst und dass du danach besser als vorher leben kannst. Dich ein weiteres Mal in die leider nicht mehr fremden Hände von Menschen zu geben, die diese schwere Operation durchführen werden, war kaum auszuhalten. Seit heute Morgen halte ich die Luft an, und mein Puls rast. Wir lenken uns ab, die einzige Zeit zu zweit seit drei Monaten ist heute. Es fühlt sich so unendlich falsch an, nicht vor dem OP zu sitzen und die ganze Zeit zu weinen, aber gleichzeitig brauchen wir diese wenigen Stunden so sehr, um uns Kraft zu geben und Energie zu tanken für die bevorstehenden Tage. Seit drei Monaten leben wir eigentlich in verschiedenen und fast immer getrennten Welten. Heute haben wir nur uns. Zehn Stunden nur dein Papa und ich. Unsere Gedanken kreisen die ganze Zeit um dich, wir reden ganz viel, aber schweigen zugleich auch. Gerne würde ich dir erklären, wie jämmerlich und falsch es sich angefühlt hat, auf einem Stepper zu stehen und laut unser Lied zu hören, während du in deinem kleinen OP-Kittel gerade in Narkose lagst und in wenigen Minuten der erste Schnitt gesetzt würde. Aber was haben wir für eine Wahl? Wir haben uns den Rat der Ärzte zu Herzen genommen: „Macht, was euch guttut! Das würde sich auch Leni für euch wünschen." Also haben wir genau das gemacht. Wir waren heute endlich wieder einmal ein Paar. Zwar mit ganz dunklen Wolken über uns und Todesangst im Nacken, aber wir haben Kraft getankt. Für die kommenden Tage, die uns und vor allem dir wieder alles abverlangen werden. Glaub mir, könnte ich für dich alles auf mich nehmen, würde ich gerade für dich auf dem Operationstisch liegen.

Deine Mama

Bevor wir zurück in die Klinik fuhren, kaufte ich Leni ein Glücksschweinchen, das wir ihr auf die Intensivstation mitbringen wollten. Ich hoffte, dass es seinen Job machte.

Mitsamt der Vorbereitung des Anästhesie-Teams dauerte die Operation fast zehn Stunden. Als es Abend wurde, zogen wir uns in die Abgeschiedenheit der Krankenhauskapelle zurück. Dann kam der Anruf, Leni war draußen aus dem OP. Über zwei Stunden mussten wir vor der Intensivstation warten, bis wir zu ihr durften. Ich fühlte mich gespalten. Einerseits wollte ich endlich zu ihr, andererseits hatte mich das Trauma der ersten Operation gepackt. Erinnerungen stürmten mit voller Wucht auf mich ein. Der Zug um ihren Mund. Ihr starrer Blick, der durch mich hindurchging. Mir war ganz schlecht, ich hatte Angst vor den nächsten Stunden und Tagen. Ein großer Teil der Verantwortung würde in unseren Händen liegen. Wir kannten sie am besten, und wir würden sie keine Millisekunde aus den Augen lassen.

Zuallererst musste Leni die Nachwirkungen der schweren Operation und der langen Narkose überstehen. Wir waren eingehend darüber aufgeklärt worden, welche Komplikationen auftreten konnten. Dazu zählten unter anderem ein Schlaganfall, Meningitis, schwere Blutungen, ein Hirnödem und steigender intrakranieller Druck, der mir am meisten Sorgen machte. Da Leni wegen der ersten Operation ein Stück von ihrem Gehirn fehlte, hatte sie auch weniger Fläche, die den Liquor resorbieren könnte, eine Flüssigkeit, die im Gehirn gebildet wird, die Hirnkammern (Ventrikel) füllt und das Gehirn einbettet. Zu viel Liquor hat zur Folge, dass die Ventrikel sich erweitern und der Hirndruck steigt. Leni war noch viel zu klein, um uns die typischen Anzeichen wie starke Kopfschmerzen klar signalisieren zu können. Doch wir würden darauf achten, ob sie erbrach, schrie, schielte oder lethargisch wurde. Die Folge eines erhöhten Hirndrucks wäre ein Hydrozephalus, ein sogenannter Wasserkopf. Dann müsste ein Shunt gelegt werden, über den der Liquor abfließen konnte. Ich hoffte so sehr, dass Leni eine weitere OP und neue Komplikationen erspart blieben. Sie war einfach noch so klein und hatte immens viel aushalten müssen.

Die Frage, ob die OP tatsächlich geholfen und sie von ihren Krämpfen befreit hatte, stand auf einem ganz anderen Blatt. Das würden die nächsten Stunden, Wochen, Monate, Jahre uns zeigen.

All diese Gedanken schoben sich in den Vordergrund, als wir darauf warteten, zu ihr zu dürfen. Die Minuten dehnten sich. Mein Puls begann zu rasen, ich war kurzatmig.

Knapp dreizehn Stunden, nachdem wir Leni abgegeben hatten, sahen wir sie wieder. Ich wusste ja schon, was mich erwartete. Doch selbst wenn ich es tausendmal erlebt hätte, hätte mich nichts wirklich auf den Anblick vorbereiten können. Es war so schlimm. Leni lag mit

geschlossenen Augen in einem gelben Kinderbett, ihr Körper war noch viel zu klein dafür. Der Verband um ihren Kopf war riesig. Daraus ragten ein Drainageschlauch sowie ein weiterer Schlauch, mit dem der Hirndruck permanent gemessen wurde. An den Zentralkatheter an ihrem Hals waren lauter Schläuche angeschlossen, die zu einem Turm voller Infusionen führten, der hinter ihrem Bett stand. Flüssigkeit, vor allem aber Medikamente gegen den Schmerz, der brutal sein musste.
Mein Magen krampfte sich zusammen. Ich trat näher. Das eine Handgelenk hatte einen Zugang, eine Blutdruckmanschette lag um das andere. Im Hintergrund piepsten die Monitore. Mein Blick wanderte zu ihrem Gesicht, es war aufgedunsen. Aus einem Nasenloch ragte die Magensonde. Aber sie atmete selbstständig, das war ein gutes Zeichen. Und ihre Gesichtszüge ... sie wirkten deutlich entspannter und nicht so bitter wie nach der ersten Operation, als ich sofort das Gefühl gehabt hatte, da stimmte etwas nicht.
Ach, Leni ...

♡ ♡ ♡

Markus und ich hielten abwechselnd bei ihr Wache. Die erste Nacht blieb ich bei ihr, ich hätte sowieso nicht schlafen können, so aufgewühlt, wie ich war. Leni lag diesmal auf der Erwachsenen-Intensivstation, die sich gleich neben den Operationssälen befand; diese Nacht war kritisch, und die Ärzte wollten für den Notfall keine Sekunde Zeit verlieren. Angst und Sorge gesellten sich zum Schlafentzug, während ich mich ganz auf Leni konzentrierte. Ich durfte sie nicht hochnehmen, maximal ihre Hand berühren. Mehr hätte ich mich auch nicht getraut.

Markus kehrte früh am nächsten Morgen zurück, ich blieb. Noch am Morgen wurde Leni auf die Kinder-Intensivstation verlegt. Es dauerte bis zum Nachmittag, als sie das erste Mal die Augen öffnete und uns wahrnahm. Sie war noch völlig desorientiert, schien sich kaum zurechtzufinden. Leni hatte durch die Operation eine Hemianopsie, einen halbseitigen Gesichtsfeldausfall. Auf beiden Augen fehlt ihr seither das linke Blickfeld. Ich fragte mich, was wohl in ihr vor sich ging, als sie die Augen aufschlug und ihre Welt so verändert, so ... geschrumpft war. Mit ihren acht Monaten würde sie sich schneller anpassen als ältere Kinder. Und dennoch tat es weh, dass ihr wieder etwas genommen worden war.

Markus beugte sich zu ihr, ihre rechte Hand fasste in seinen Bart, langte nach seiner Nase. All ihre Reaktionen auf den Quatsch, den er mit ihr machte, waren gedämpft. Doch sie nahm uns wahr, sie fremdelte nicht. Wir mussten in kleinen Erfolgsschritten denken.

Als ich an diesem Abend ins Bett fiel, fühlte ich mich wie betäubt. Doch Leni hatte bisher kein einziges Mal gekrampft.

Liebe Leni,

ich habe 36 Stunden nicht geschlafen. Ausnahmezustand in meinem Kopf. Mir ist kalt, mir ist schlecht, und ich merke, dass sich meine Wahrnehmung verschiebt. Papa ist jetzt bei dir. Ich habe keine einzige Sekunde meine Augen von dir abgewendet. Ich durfte die Nacht neben deinem Bett sitzen, damit ich dich im Blick haben und sofort Bescheid geben kann, wenn mein Gefühl Alarm schlägt. Alle wissen hier, dass nichts so viel Wert hat wie das Gefühl einer Mama.

Ein zweites Mal saß ich an deinem Bett, dein Kopf dick bandagiert, dein Gesicht leicht geschwollen. Du liegst in einem viel zu großen Bett in einem Meer voller Kabel. Sie ragen aus deinem Kopf, deinem Hals, deinen Armen, und ich frage mich, was du verbrochen hast, dass du das hier ertragen musst. Wieso du mit gerade mal acht Monaten ein zweites Mal in einer lebensgefährlichen Operation deinen Kopf geöffnet bekommen musst und dir jegliche Möglichkeit auf ein normales Leben genommen wird. Die Frage nach dem Warum beschäftigt mich täglich, auch wenn ich weiß, dass ich darauf niemals eine Antwort erhalten werde.

Als ich bei dir saß, habe ich deine Wange gestreichelt, deine kleine Hand gehalten. Du hast gewusst, dass ich es bin, auch wenn du es kaum geschafft hast, deine Augen zu öffnen. Ich habe keine Energie mehr gehabt, aber für dich mobilisiere ich die letzten Reserven. Du bist doch viel stärker als ich, du erträgst gerade Unmenschliches, da kann ich nicht aufgeben, auch wenn ich kaum noch kann.

Alle sind so süß zu dir, es wissen auch alle, was du die letzten Monate ertragen hast. Dass es gestern Runde zwei war. Deine letzte Chance.

Du wirst von allen Menschen hier so unglaublich lieb versorgt – nicht nur du, auch wir. Aber gleichzeitig zu erfahren, dass du auf der Intensivstation eines der „gesündesten Kinder" bist, weil du selbstständig atmen kannst, hat mein Herz ganz schwer gemacht. Du wirkst auf mich aktuell mehr tot als lebendig, auch

wenn du so sehr versuchst, aufzuwachen.
Ich habe sehr viel Angst. Davor, dass es wieder losgeht, davor, dass du eine Notoperation brauchst, einen Shunt bekommst oder eine Hirnblutung deine gesunde Hälfte zerstört. Alles kann, nichts muss. Der Zwang, dich jede Sekunde zu beobachten, ist so übermächtig, dass die Anspannung in meinem Körper fast wehtut.
Ein erstes Glücksgefühl gab es heute allerdings schon, denn Papa schreibt mir gerade, dass du ihn das erste Mal angelächelt hast. 24 Stunden, nachdem wir dich nach der OP sehen durften. Das ist doch gut, oder?
Du bist so unglaublich stark, dass ich es kaum fassen kann, dass du meine kleine Tochter bist. Es tut mir so leid, dass du Stärke für zehn Menschen und zehn Leben beweisen musst. Aber du bist nie alleine ♥

Deine Mama

Als ich am nächsten Morgen zu Leni kam, war ihr Auge geschwollen, und sie wirkte noch immer sehr gedämpft. Ihr Bett musste frisch überzogen werden, ich durfte sie das erste Mal halten. Ich hatte ziemliche Berührungsängste; mit all den Schläuchen, die nicht verrutschen durften, den Zugängen, den Kathetern wirkte sie so zerbrechlich. Es war ein Anblick, der mir vor Augen führte, dass ihr Leben einzig vom Fortschritt der Medizin abhing. In all dem Unglück hatten wir eine Menge Glück gehabt, die richtige Klinik zu finden – erst Koblenz, wo wir so früh eine Diagnose bekommen hatten, und jetzt Bethel, wo Operationen wie diese bei einem so kleinen Baby überhaupt möglich waren.

Markus und ich wechselten uns ab und ließen Leni erneut keine Sekunde lang aus den Augen. Während ich in der folgenden Nacht Wache hielt, schlief Markus im Hotel und tankte Kraft für seine nächste Schicht. Und Leon lag dreihundert Kilometer entfernt in seinem Bett; ich hoffte, dass er etwas Schönes träumte. Unsere Familie war zerrissen, doch nicht im Herzen. Mit Leon hielten wir über Facetime Kontakt. Ihm ging es gut. Und Leni ... Noch immer hatte sie nicht gekrampft! Meine Angst war nach wie vor riesig. Doch ganz leise schlich sich Hoffnung in meine Gedanken.

So richtig halten durfte ich Leni am Tag darauf. Ihr Gesicht war deutlich abgeschwollen, sie öffnete die Augen, und als sie mich sah, lächelte sie. Es war kaum zu fassen, dass ein Mensch, der so viel hatte aushalten müssen, mich mit einem solchen Strahlen beschenkte.

Später wurde die Drainage gezogen. Am fünften Tag durfte Leni die Intensivstation verlassen und wurde auf die normale Station verlegt. Ihre Werte waren gut, alles lief nach Plan.

Markus zog Kraft aus jedem guten Tag, der verstrich, und schöpfte Hoffnung. Und ich? Ich fragte mich im Stillen, ob jeder Tag, der verging, uns näher an den nächsten Krampfanfall brachte.

Es ist eine Frage, die mich auch Monate danach nicht verlässt. Mein erster Gedanke morgens, mein letzter abends, bevor ich schlafen kann, dreht sich um Leni und darum, ob diese Operation für sie ausreichend war.

KAPITEL 13

ENDLICH ZU VIERT

Am 23. Februar fuhr ich zurück nach Koblenz. Ich musste nach Hause, Leon wiedersehen. Ich ließ Leni zurück in dem Wissen, dass sie gut aufgehoben war. Markus war in dieser Situation der einzige Mensch, dem ich sie überlassen konnte. Er hatte so viele Tage und Nächte bei ihr verbracht, weit mehr als ich. Leon, Leni und ich konnten uns glücklich schätzen, ihn an unserer Seite zu haben. Ich hatte Mütter gesehen, die allein waren, als sie die Diagnose bekamen. Die allein vor dem OP warteten, allein pflegten. Die Väter hatten es nicht ausgehalten und sich auf alle erdenklichen Arten abgelenkt, sich entzogen. Viele Partnerschaften zerbrachen, wenn eines der Kinder besondere Bedürfnisse hatte, weil jemand den Schmerz und die Belastung nicht aushielt. Markus und ich hatten zusammen geweint. Uns in Ausnahmesituationen erlebt, seelisch nackt und wund. Das Maß an Vertrauen war so hoch. Und meine Liebe zu ihm, die war weiter gewachsen.

Die paar Tage bis zu Lenis Entlassung galten nur Leon. Emotional kroch ich ganz in ihn hinein, sog seine Nähe, seinen Kinderduft, seine grenzenlose Fantasie in mich auf. Wir genossen es so sehr, lauter verrückte Dinge unternehmen zu können. Unser Zeitfenster war klein.

Sobald Leni nach Hause käme, würde sich wieder alles ändern. Sie hatte die letzten Wochen in einer absolut sicheren Umgebung verbracht, umsorgt von dem ganzen Team auf der Epilepsiestation, immer in Reichweite der Ärzte. Sie alle zählten mittlerweile zu unseren engsten Vertrauten, wir konnten alles fragen, alles ansprechen. Sobald sie wieder nach Hause käme, würde die ganze Verantwortung erneut bei uns liegen. Nach wie vor mussten wir Leni beobachten, damit ein möglicher Schlaganfall, Hirnblutungen und ein erhöhter Hirndruck nicht unbemerkt blieben. Wenn alles gut ging, würden wir das schaffen. Doch wenn nicht?

Vor Lenis Geburt hatte ich ziemlichen Respekt davor gehabt, wie es wohl werden würde mit zwei Kindern mit unterschiedlichen Bedürfnissen. Das Level jetzt war ein völlig anderes. Doch ich sehnte mich nach Normalität, danach, nicht länger von Markus räumlich getrennt zu sein. Ihn umarmen zu können, wenn es keine Worte gab, weil die Sorgen einen übermannten. Viel zu viele Wochen hatten wir im Ausnahmezustand verbracht. Es war Zeit, wieder eine Familie zu sein. Das erste Mal seit November. Wir würden einen Rhythmus finden, kleine Rituale schaffen, auch mal alle zusammen auf der Couch sitzen und lesen, spielen, schweigen, vor uns hin träumen.

Währenddessen rückte der Umzug aus unserem alten Haus unaufhaltsam näher. Aus einer Intuition heraus hatte ich die gängigen Plattformen immer wieder abgecheckt und tatsächlich ein Haus gefunden, bei dem das berühmte Bauchgefühl direkt gestimmt hatte. Deutlich günstiger als unser geplanter Bau, aber mit viel Charme, vielen und besonderen Ecken, die uns hoffentlich ein schönes Zuhause bieten würden. Die Sanierung verlief anders als geplant, wie so vieles in den vergangenen Monaten. Um rechtzeitig fertig zu werden, mussten die Handwerker im Februar beginnen, während wir

noch mit Leni in Bethel waren. Wir sprachen ganz offen mit ihnen, warum wir nicht vor Ort sein konnten und dass wir uns hundertprozentig auf sie verlassen mussten. Ansonsten wickelten wir das Projekt Traumhaus ziemlich zweckmäßig ab. Da wir für lange Zeit dort leben wollten, waren es wichtige Entscheidungen, quasi auf Lebenszeit. Doch unsere Prioritäten hatten sich verändert. Für den Boden hatte Markus eine Vorauswahl getroffen, die Entscheidung lief über die Handykamera. Als es um die Kacheln für die Bäder ging, war Markus mit Leni im Krankenhaus, da kümmerte ich mich darum.
Schon in den Wochen vor Lenis Operation hatte ich Kisten gepackt und aussortiert. Es tat gut, den ganzen Ballast loszuwerden. Wer brauchte so viel Zeug? Vor Lenis Geburt hätte ich mir nicht vorstellen können, dass sich das, was in meinem Leben Bedeutung und Wert hatte, dermaßen verschieben könnte. In den vergangenen Wochen hatte ich realisiert, dass ich um vieles reicher geworden war. Nicht in Form von Klamotten und Schuhen, Kosmetik, Schmuck oder Geld. All das war keine Währung, mit der ich in meiner neuen Welt bezahlen könnte. Ich war reich geworden an Emotionen. Liebe in einer Tiefe, von der ich nicht gewusst hatte, dass sie existierte. Angst in Dimensionen, die alles sprengten, was ich mir hätte ausmalen können. Dazu Wut, Dankbarkeit und so viel mehr, dass ich manchmal nicht wusste, wohin mit alldem.

Lenis Heilungsverlauf war so gut, dass sie am 26. Februar entlassen werden konnte. Markus hatte den Arztbrief ausgehändigt bekommen. Es war seltsam, schwarz auf weiß die Zusammenfassung dessen zu lesen, was Leni ausgehalten hatte. Doch die nüchternen Worte gaben mir Halt. Und auch Hoffnung.

Auszug aus dem Arztbrief vom 10.12.2023

Wir gehen davon aus, dass eine Anfallsfreiheit nach Hemisphärotomie die besten Entwicklungschancen für Leni bietet. Postoperativ war die Spontanmotorik der linken Körperseite weniger beeinträchtigt, als wir das üblicherweise nach einer Hemisphärotomie bei corticalen Dysplasien sehen. Die Motorik des Beines war erwartungsgemäß wenig reduziert, die Motorik des Armes, mit häufigeren spontanen Fingerbewegungen als präoperativ.

Markus und mir war schon wenige Tage nach der OP aufgefallen, dass Leni Bewegungen in der gelähmten Seite zeigte. Auch wenn sie die linke Hand und das linke Bein nicht bewusst ansteuern konnte, schuf ihr Gehirn neue Bahnen. Das galt auch für ihre kognitive Entwicklung. Wir konnten nur abwarten und sie in allen Impulsen, die sie zeigte, unterstützen.

Leon freute sich, dass Leni wieder zu Hause war. Natürlich musste er sich an ihre Gegenwart erst einmal gewöhnen. Wir hatten alles getan, damit sie in seinem Leben präsent war. Aber Facetime ist nun mal nicht die Realität. Allein bei den Großeltern oder mit mir war Leon seit Wochen wieder ein Einzelkind gewesen und hatte nach Lust und Laune durch Haus und Garten toben können. Jetzt riefen wir hundertmal am Tag: „Leon, pass auf Lenis Kopf auf!", wenn er sich ihr näherte und wir Angst bekamen, er könnte ihr aus Versehen wehtun. Schließlich war er zu diesem Zeitpunkt nicht mal drei und selbst noch ein Kleinkind.
Die Narbe an Lenis Kopf war riesig, Leon konnte sie kaum ansehen. „Lenis Narbe sieht so groß aus, die tut sicher weh", sagte er und deutete darauf. Er schlug vor, ihr eine Mütze anzuziehen, damit er ver-

gessen konnte, dass seine kleine Schwester so viel hinter sich hatte. Schnell band er sie in den Alltag mit ein, reichte ihr Spielzeuge oder kuschelte mit ihr. Am glücklichsten war er, wenn er sie zum Lachen bringen konnte. Hin und wieder zog ich Leni den Schnuller mit den Lippen aus dem Mund – um ihr eine Reaktion zu entlocken und mich zu versichern, dass sie okay war. Das hatte Leon sich abgeschaut und machte es wieder und wieder. Es war so schön, die beiden lachen, quietschen und kichern zu hören.
Doch noch immer war ich ungern mit beiden Kindern allein, dazu ging das Trauma der letzten Monate zu tief. In Markus' Gegenwart fühlte ich mich sicherer. Ich wollte auch nie wieder in eine Situation geraten, in der Leni krampfte und Leon sich wie eine Statue irgendwohin setzen musste, ohne beachtet zu werden. Ich wollte nicht, dass er die Panik spürte, die mich packen würde, wenn mit Leni etwas nicht stimmte. In einer besseren Welt hätte Leon diese Situationen nie miterleben müssen. In einer besseren Welt wäre Leni von Anfällen verschont geblieben.

♡ ♡ ♡

In den Wochen nach Lenis OP beobachtete ich sie akribisch. Ich trackte und scannte sie nach wie vor, hatte Angst, loszulassen. Es war unsinnig, denn letztlich verdarb ich mir damit die Gegenwart, die gut war. Aber Epilepsie ist eine hinterlistige Krankheit. Lenis Anfälle waren aus dem Nichts heraus gekommen, völlig unabhängig davon, was sie getan oder nicht getan hatte. Ob sie geschlafen, gestrampelt, gelacht hatte … plötzlich war das Monster unter dem Bett hervorgeschossen und hatte uns einmal mehr gezeigt, dass es Leni nach Belieben gefangen halten konnte. Dass wir keinerlei Kontrolle hatten. Oder besser gesagt, dass unsere einzige Kontrolle darin bestand, den Anfall zu beobachten und einzuschreiten, wenn er die Fünf-Minuten-Grenze erreichte oder wenn Leni die Luft wegblieb. Jedes einzelne Mal war ich von dem Anfall überrascht worden. Stunden, selten Tage und manchmal nur Minuten hatten zwischen den einzelnen Episoden gelegen. Das ließ einen so schnell nicht los, nicht, wenn es um das eigene Kind ging.

Markus trug stark dazu bei, dass es mir von Tag zu Tag ein kleines bisschen besser gelang, darauf zu vertrauen, dass Lenis Operation Erfolg gehabt hatte. Er holte mich in die Gegenwart zurück, erinnerte mich daran, dankbar für die guten Momente zu sein, von denen es immer mehr gab. Dankbarkeit fühlte ich definitiv. Für Leni, für Leon, für Markus. Für unser Leben, unsere Berufe, unser Umfeld und so vieles mehr. Zugleich kommt irgendwann nach einem Schicksalsschlag dieser Moment, in dem man die Intensität des Augenblicks, auch der Dankbarkeit, gegen die Normalität eintauschen möchte. In dem man sich wünscht, wieder Pläne schmieden zu können. Einfache Pläne. Ein Besuch bei Freunden, eine Einladung zu einer Hochzeit. Aber man ist noch nicht so weit, man ist noch lange nicht frei. Die Vergangenheit hat sich wie Ketten um einen gelegt, und wenn man sich bewegt, graben sie sich unter die Haut und rufen den ganzen Schmerz wieder wach, von dem man nicht weiß, wie man ihn je loswerden soll. Will oder darf man ihn überhaupt loswerden? Was, wenn wieder etwas passiert? Ist man dann nicht doppelt schutzlos?

Auch wenn ich der Ruhe, die langsam einkehrte, noch längst nicht trauen konnte, tat es gut, die kleinen Rituale zu pflegen, die unser Familienleben zusammenhielten und den Kindern Sicherheit gaben:

der morgendliche Kaffee im Bett, die gemeinsamen Mahlzeiten am Tisch ... Am Abend schnappten Markus und ich uns Leon und Leni und wuschen sie. Nach dem Zähneputzen steckten wir sie in ihre Schlafsäcke und brachten sie ins Bett. Jeden Freitag fuhren wir zu meinen Schwiegereltern und sonntags nach Aachen zu meiner Mutter, damit Leon und Leni regelmäßig Zeit mit den Großeltern verbringen konnten. Kleine Dinge, die besonders für Lenis kognitive Entwicklung wichtig waren. Monatelang war sie wegen der Krankenhausaufenthalte aus ihrem Tages- und Nachtrhythmus gerissen worden. Jetzt gab es endlich wiederkehrende Muster in ihrem Alltag, auf die sie sich verlassen konnte.

Auch mir half diese Struktur, um runterzukommen und der emotionalen Achterbahn, auf der ich mich befunden hatte, den Rücken zuzukehren. Und trotzdem hallte noch alles in mir nach. Nachts, während das Babyfon angeschaltet war, schaffte ich es nicht zu schlafen, weil ich die Kontrolle nicht abgeben konnte. Ein großer Teil von mir lauschte auf Leni und ordnete ganz automatisch die kleinen Geräusche ein, die sie im Schlaf machte. Im Dezember und im Januar war es ein winziges Stöhnen gewesen, das den Beginn eines Anfalls gekennzeichnet hatte. Eines Anfalls, der zum Schluss kaum mehr therapierbar gewesen war.
Ich sagte mir immer wieder, dass die Situation jetzt eine andere war, dass sie operiert, dass die kranke Seite abgetrennt war. Doch während ich wach lag und an die Operation dachte, kreisten meine Gedanken um die magischen sechzig Prozent – so hoch war die Chance, dass sie nie wieder krampfen würde. Irgendwann war an Schlaf nicht mehr zu denken, und die Ruhe, die ich dringend brauchte, war endgültig vertrieben. Markus, der ein viel größeres Grundvertrauen

hat als ich und damit auch keine Schlafprobleme in Lenis Gegenwart, übernahm sie fürs Erste, während ich bei Leon schlief. Leon, der mir gerade mal dreißig Zentimeter Platz ganz am Rand ließ, dessen Füße ständig in meinem Gesicht landeten und der so süß meckerte, wenn meine Decke ihn berührte.

Im Alltag merkte ich, dass die meisten Menschen, denen wir begegneten, nicht realisierten, wie schwer Leni erkrankt war und was sie hinter sich hatte. Sie brauchte keinen Sauerstoff, keine Magensonde. Die meiste Zeit strahlte sie und erkundete neugierig von der Spielmatte oder dem Therapiestuhl aus die Welt. Natürlich war sie auch mal unzufrieden. Das aber bewertete ich als gutes Zeichen. Frust motiviert, und er brachte Leni dazu, Hindernisse zu überwinden und sich weiterzuentwickeln. Irgendwann würde sich das ändern, dann würden Fremde bemerken, dass sie anders lief, sich anders bewegte als die Norm.

Noch war nicht die Zeit, sich darüber Gedanken zu machen. Dass ich es überhaupt tat, zeigte mir: Da war ein Teil in mir, der nicht bloß hoffte, sondern an Lenis Zukunft zu glauben begann.

KAPITEL 14

SONNENKIND

Noch oft drängen Bilder aus den vergangenen Monaten in mein Bewusstsein. Bilder, die sich so tief in mich eingegraben haben, dass ich sie vermutlich nie vergessen werde. Bilder, von denen ich wünschte, ich hätte sie nie sehen müssen. Immer wieder lande ich bei Leon, wie er auf der Couch saß, mit großen Augen, die Becherlupe mit beiden Händen umklammert, als wäre sie das Einzige, woran er sich festhalten konnte. Keinen Mucks traute er sich zu machen, während Leni das erste Mal krampfte, Markus in Panik war und ich den Notarzt rief. Was er wohl dachte, was er aufsog, als unsere Normalität zerbrach? Ob er sich später daran erinnern wird? Ich hoffe, dass ich es spüren und ihn auffangen werde, wenn es so weit ist.

Lieber Leon,

wenn du wüsstest, wie oft du im letzten Jahr der Grund für mich warst, weiterzumachen. Wie oft dein Lachen mir Kraft gegeben hat, obwohl ich mich kaum noch aufrecht halten konnte.
Wie sehr mir jede einzelne Nacht, aneinandergekuschelt in deinem viel zu kleinen Bett, Wärme geschenkt hat, obwohl in mir drinnen eine Eiszeit ausgebrochen war.

Wie viel Normalität mir der Alltag mit dir gegeben hat, während unser Leben einem Horrorfilm glich.

Dass dein „Mama, ich liebe dich krass!“ mir das Leben gerettet hat, weil ich dich doch auch so krass liebe.

Deine Mama

Niemals wollte ich, dass Leon sich als „Schattenkind“ fühlte, reduziert darauf, der Bruder seiner kranken Schwester zu sein. Leon war und ist mein Sonnenkind. Liebe bekam er auch in den dunkelsten Momenten im Übermaß. Doch Zeit und Aufmerksamkeit von beiden Elternteilen, die hat er sicher vermisst.

Entsprechend lag unser Hauptfokus auf Leon, als wir im April zu viert in ein Familienhotel auf dem Land fuhren. Das Hotel hatte schon im Jahr zuvor wegen einer Kooperation angefragt, doch in den Monaten nach Lenis Geburt mussten wir immer wieder absagen. Es gab Momente, da hatten wir uns an die Aussicht, eines Tages zusammen wegfahren zu können, wie an einen Strohhalm geklammert. Jetzt war es endlich so weit.
Leon blühte richtig auf. Endlich waren wir wieder eine ganz normale Familie mit ihren gewohnten Ritualen. Jeden Morgen, Mittag und Abend aßen wir zusammen, und dazwischen spielten wir miteinan-

der, ohne dass Markus und ich angespannt waren und Leni beobachteten. Die meiste Zeit verbrachten wir zu viert im Freien. Das hatte auch mir gefehlt: Frühlingssonne, Vogelgezwitscher, die Gerüche der Natur … Draußen zu sein, das war für Markus und mich Lebenselixier, und wir merkten schnell, wie gut es auch Leon tat, sich an der frischen Luft zu verausgaben.
Leni war immer mit dabei. Leon, der lange darauf hatte warten müssen, dass seine Schwester dauerhaft zur Familie stieß, war so lieb zu ihr und so fürsorglich. Er hatte längst mitbekommen, was sie im Alltag brauchte, und wenn wir uns auf den Weg machten, fragte er jedes Mal nach, ob wir auch an alles gedacht hatten: das Mützchen, die Decke, ein paar Spielsachen. Markus und ich fokussierten uns abwechselnd ganz auf Leons Bedürfnisse, und wenn Leni schlief und im Wagen oder auf der Decke neben uns lag, dann spielten wir beide mit ihm in der Hoffnung, ihm so wenigstens einen Mikroanteil jener Zeit zurückzugeben, in der er auf uns hatte verzichten müssen. Wir hatten all die Monate dafür gesorgt, dass möglichst einer von uns bei ihm war. Nicht immer war das möglich gewesen, Lenis Operationen und ihre schwersten Momente hatten Markus und ich zusammen bei ihr verbracht. Doch es gab zwei Omas und zwei Opas, die ihn liebten und zu denen er in den vergangenen Monaten eine noch intensivere Bindung aufgebaut hatte. Natürlich waren wir seine engsten Bezugspersonen. Wie viel Raum aber hat man wirklich für sein Kind, wenn das andere krampft, wenn der Atem stillsteht, wenn der Partner am Ende ist und man sich selbst die Tränen verbeißt …

All das war wie weggewischt, als wir jetzt zu dritt in der Sandgrube spielten und die Wasserpumpe in vollem Einsatz war. Wie immer, wenn es um Wasser ging, war Leon ganz in seinem Element. Mit aller Kraft hängte er sich an die Pumpe; wir legten ein Flussbett an, wieder kam die Pumpe zum Einsatz, und dann wurde ein Staudamm gebaut. Die Begeisterung war ihm an der Nasenspitze anzusehen, und wir pumpten und matschten und stauten, bis wir vor Lachen nicht mehr konnten.

Was mich betraf, wurde ich mit jedem Tag, an dem es Leni gut ging, ein kleines bisschen sicherer. Ich pushte mich, vorwärtszublicken. Doch noch immer hockte mir die Angst im Nacken wie eine fiese Fratze, nach der ich mich nicht umzudrehen traute. Ich spürte Taubheitsgefühle in den Armen, sah doppelt. Es waren Stresssymptome, kein Wunder. Den Winter über hatte ich gefühlt die Luft angehalten und erst im April wieder durchatmen können. Mehrfach hatte meine Uhr am Handgelenk Alarm geschlagen, weil mein Puls so raste.
Ich war härter geworden zu mir selbst und viel weicher im Innern. Irgendwann war der Schmerz so überwältigend gewesen, dass ich ihn tief in mir vergraben und Mauern drum herum errichtet hatte. Doch wie das so ist mit Gefühlen, die man mit aller Macht verdrängt, arbeiten sie sich immer zurück an die Oberfläche. Kleine Trigger, wie das Schreiben des Buches oder Lenis erster Geburtstag, lassen die Mauern bröckeln, und all der Schmerz drängt geradezu gewaltsam nach draußen. Inzwischen fühlt es sich an, als müsste ich Schubkarre um Schubkarre aus meiner Schmerzgrube herauskarren, so wie Leon den Sand aus unserem selbst gebauten Flussbett …

In unserem Urlaub gab es nur eine Regel – dass Leon happy war. Zwei, drei Eis mit Smarties drauf, Kuchen, Apfelschorle, Kinderkino bis zum Abwinken: Alles war erlaubt in diesen Tagen, und Leon kostete es voll aus. Besonders liebte er die vielen Tiere, die zum Hotel dazugehörten. Morgens fütterten wir die Pferde, die Schweine, die Ziegen, die Laufenten und brachten sie abends in den Stall, damit sie schliefen. Dazwischen retteten wir immer wieder die frisch geschlüpften Bienen, die auf dem Weg saßen, beförderten eine nach der anderen vorsichtig auf ein Blatt und setzten sie in die Sonne. Und dann waren da noch die Tretfahrzeuge, auf denen Leon und ich unsere Runden drehten.

Für all die Aktionen war Leni noch zu klein. Doch sie genoss es sichtlich, dass wir drei um sie waren. Vor allem lebte sie auf, wenn Leon sich mit ihr beschäftigte. Wir hatten eine kleine Box mit semitransparenten Tüchern in allen Regenbogenfarben dabei. Neugierig zupfte Leni eins heraus. Leon legte es ihr übers Gesicht – und zog es dann blitzschnell weg. Überrascht blinzelte Leni, dann kicherte sie vergnügt. Die beiden steigerten sich so in ihr Spiel hinein, dass die Tuchbox zum Running Gag wurde. Wann immer Leon in den folgenden Tagen damit ankam, fing Leni begeistert an zu giggeln und zu strampeln.

Es tat so gut zu sehen, wie sie immer wacher wurde, je mehr wir die Medikamente ausschleichen durften. Das Clobazam, das zwar gegen Krämpfe, jedoch auch sedierend wirkt, hatte sie in einen Nebel getaucht und ihrem Leben die Spitzen genommen: an Schmerz, aber auch an Gefühlen, an Neugier, an Wachheit. Jetzt schien alles um sie herum aufzuklaren, und die Freude in ihrem Gesicht war so ansteckend, dass wir in diesem Urlaub alle ein Stück weit heilen konnten.

♡ ♡ ♡

Im Urlaub begann es, dass Leon seine kleine Schwester wirklich als Teil der Familie wahrnahm. Seither liebt er es, Leni unterschiedliche

Reaktionen zu entlocken. Dann spürt er, dass sie ihn wahrnimmt und auf ihre Weise mit ihm interagiert. Schnell begriff er, in welche Hand er ihr ein Spielzeug geben muss, damit sie es greifen kann. Leni hat Gefühl in ihrer gelähmten Seite, auch wenn ihr keine bewusste Ansteuerung der linken Hand oder des linken Fußes möglich ist. Noch nicht – denn wer weiß, was sie noch alles für sich erobern wird, wenn ihr Gehirn neue Verbindungen schafft.
Leon hat auch herausgefunden, dass Lenis Gesichtsfeld eingeschränkt ist und er sich immer dann, wenn er sich an ihrer linken Seite aufhält, im toten Winkel befindet. Wenn sie ihn nicht sieht, reagiert sie auf seine Stimme, dreht den Kopf, und die beiden finden etwas, worüber sie sich kaputtlachen.

Während ich diese Zeilen schreibe, kann Leni ohne Hilfe noch nicht aufrecht sitzen. Doch der Therapiestuhl stützt sie und ermöglicht es ihr, mit dabei zu sein, wenn wir alle am Tisch sitzen und essen. Und wenn Leon und Leni miteinander spielen, fahren wir ihn herunter, sodass die beiden auf Augenhöhe sind – Leon stehend, Leni im Sitzen. Dann bringt er ihr Becher zum Stapeln, versteckt einen Ball darunter und wartet gespannt ab, ob sie ihn findet. Immer wieder lässt sie Dinge absichtlich fallen, er hebt sie auf, wieder und wieder, mit viel Gelächter und Gequieke. Damit erspart er uns so manche Kniebeuge.
Die beiden schaffen sich ihre eigenen Spielrituale, wie alle Kinder das tun. Sie spielen, wie mein Bruder und ich gespielt haben. Vielleicht wird Leon sich ja auch eines Tages in den Anhänger eines Bobbycars setzen und sich von Leni herumkutschieren lassen, so wie Markus seinen älteren Bruder einspannte.
Leni hat motorische Einschränkungen, mit denen Leon ganz natürlich umgeht. Und für sie ist er ihr großes Vorbild. Sie wird ihm nach-

eifern, er wird sie anspornen, und auch er wird von ihr lernen. Auf eine Weise tut er das schon jetzt. Er merkt, wie findig sie ist, wie sie kompensiert. Und er kriegt regelmäßig zu spüren, wie kraftvoll ihre rechte Hand und ihr rechter Fuß sind. Leni packt so fest zu, dass man sagen muss, sie greift nicht, sondern sie greift an. Leon hat schnell gemerkt, dass seine kleine Schwester ein ziemlich starkes Mädchen ist, und lernt, ihr auszuweichen, wenn ihre Rechte vorschießt, um sein Haar zu packen. Wenn sie nicht gerade im Angriffsmodus ist, sucht er ihre Nähe, um mit ihr zu kuscheln. Und an ihrem Glucksen merkt er, wie lieb sie ihn hat. Für Markus und mich war es faszinierend zu beobachten, wie Leni sich zu drehen begann, obwohl die gelähmte Seite nicht bewusst mitmachen konnte. Seither entwickelt sie sich immer weiter. Ihre Wahrnehmung auf der linken Seite ist so intensiv, ihre Sensorik stark ausgeprägt. Sie spürt so viel, besonders in ihrem linken Fuß, den sie immer wieder mit ihrer rechten Hand packt. Auch ihre linke Hand ist voller Gefühl, und es ist schön zu sehen, wie entspannt sie ist. Wenn es Lenis Augen, ihr Lächeln nicht sagen würden, so wäre es diese Hand, die die meiste Zeit des Tages ganz offen daliegt. Die Hand, in der das Krampfen begann. Die Hand, die mir jetzt zeigt, dass Leni nicht mehr kämpfen muss. Dass sie gewonnen hat.

♡ ♡ ♡

In den Monaten, in denen Markus und ich einen großen Teil unserer Zeit in Krankenhäusern verbrachten, wurde uns einmal mehr bewusst, wie sehr wir davon profitierten, dass wir größtenteils ortsunabhängig tätig sein konnten. Wir waren uns auch bewusst, dass wir unter den pflegenden Eltern eher die Ausnahme darstellten und nicht die Regel und viele Privilegien genossen.

Mein größter Luxus in der Zeit, die ich mit Leni auf Station verbrachte, waren ein richtiger Kaffee und dazu eine Hanuta-Waffel. Einmal am Tag machte ich mit ihr einen Spaziergang an der frischen Luft und legte einen kurzen Abstecher in der Cafeteria ein. Einen Moment abschalten können, kein Piepen der Geräte hören müssen, nicht eingesperrt sein auf ein paar Quadratmetern, in dem Wissen, dass um einen herum Kinder sind, denen es sogar noch schlechter geht als deinem ... Es waren ein paar Euro, die ich ausgab, um den Kopf freizubekommen und Kraft zu sammeln, aber natürlich summierten sie sich. Nicht jede Mutter, nicht jeder Vater kann sich das leisten.
Markus und ich waren dankbar, dass wir unsere Arbeit reduzieren konnten, ohne dass wir Probleme hatten, die Miete, unsere Rechnungen und unseren Trost-Kaffee zu bezahlen. In einer solchen Situation neben all der Angst um sein Kind auch noch finanzielle Probleme im Nacken zu haben, muss extrem belastend sein.
Das brachte uns zum Nachdenken.
Als Leni krank wurde, bekamen wir mehr und mehr Kontakt zu pflegenden Eltern und spürten den Wunsch, diese aktiv zu unterstützen. Durch meine Reichweite auf Instagram sammle ich seit Jahren Geld für Spendenprojekte, und das möchte ich nun erneut tun. Markus und ich haben daher beschlossen, einen Verein zu gründen. Auch wenn unser Gesundheitssystem Betroffenen wichtige Behandlungen und Hilfsmittel ermöglicht, muss man für vieles in Vorkasse treten. Und manches wird eben nicht übernommen oder scheitert an der Bürokratie. Mit unserem Verein, der „Hummelheldin" heißen wird, hoffen wir, betroffenen Eltern und ihren Kindern unter die Arme greifen zu können.
Eines der Dinge, das von kaum einer Krankenkasse übernommen wird, Leni aber besonders gut hilft, ist die Reittherapie.

Als wir aus unserem Urlaub zurückkehrten, merkten wir, dass nicht nur Leons Wortschatz sich stark vergrößert hatte, sondern auch Leni einen Entwicklungsschub zu verzeichnen hatte. Bei Kindern mit Hemiparese ist es wichtig, dass die Spannung und auch die Bildung ihrer Skelettmuskulatur angeregt werden, damit sie physisch nicht erschlaffen. Natürlich wünschen wir uns für Leni, dass sie sitzen, stehen und laufen kann, um eines Tages unabhängig zu werden und sich frei entfalten zu können. Physiotherapie ist ein wichtiger Baustein, um die Muskeln zu trainieren und ein Bewusstsein für die gelähmte Seite zu schaffen. Über Google und Social Media stieß ich damals, als sie ihre Diagnose bekam, auf die Reittherapie. Da ich selbst Tiere so liebe, konnte ich mir gut vorstellen, wie viel mehr die Bewegung auf dem Pferd Leni bringen würde als reine physiotherapeutische Übungen. Die ganzen emotionalen Aspekte, die Interaktion mit dem Pferd, die Freude daran, ein anderes Lebewesen zu

Reittherapie

Die Reit- oder Hippotherapie kann sich bei Menschen jeden Alters positiv auf die Haltung, den Gleichgewichtssinn und die Muskulatur auswirken, wobei die ganzheitliche Interaktion mit dem Therapietier im Vordergrund steht. Jede Bewegung des Pferdes überträgt sich ganz natürlich auf die Reitenden, hilft, den Muskeltonus zu erhöhen und die Muskeln insgesamt zu stärken. Das Einfinden in den Rhythmus des Reitens hilft auch, die Spannung des Körpers zu regulieren. Angespannte Muskeln entkrampfen sich, und erschlaffte Muskelgruppen werden gefordert. Davon profitieren Menschen mit Spastik und Hemiparese gleichermaßen.
Die Reittherapie gilt aktuell als nicht verordnungsfähiges Heilmittel, da offiziell bisher kein therapeutischer Nutzen nachgewiesen werden konnte.

erspüren, zu riechen, zu berühren, die Finger in die Mähne zu graben ... all das hatte ich mir schon früh für sie gewünscht.
Im Mai war es so weit, und Leni bekam ihre erste Reittherapie-Stunde. Der schönste Moment war, wie sie auf der Decke lag und wir darauf warteten, ob ein Pony sich ihr nähern und sie instinktiv als Reiterin auswählen würde. Tatsächlich kam schon bald eines auf sie zugelaufen, ließ sich wie ein riesiger Hund neben ihr nieder und knabberte an ihrer gelähmten Seite. Ich bekam Gänsehaut, auch wenn mich das gar nicht hätte überraschen müssen, habe ich doch selbst unzählige Male erlebt, wie viel Tiere spüren, oft weit mehr als wir Menschen. Und doch war es ein ganz starker Moment, der mir zeigte, dass Leni hier genau richtig war.

Da Leni noch nicht von sich aus sitzen konnte, lag sie bei ihrer ersten Stunde seitlich mit dem Bauch auf dem Pferd, gehalten von der Therapeutin, und musste sensorisch und muskulär richtig feste arbeiten, um sich an die Bewegungen ihres Ponys anzupassen. Sie schaffte es, den Kopf aufrecht zu halten, sodass ihre Hals- und die obere Rückenmuskulatur gefordert waren. Und sie hatte Spaß daran! Genau um diese Kombination ging es mir: muskuläre Arbeit und Motivation durch Spaß, durch die Nähe zum Tier. Es war so schön zu sehen, wie stark sie auf das Pferd reagierte und wie gut es ihr tat.

♡ ♡ ♡

Nach unserem Urlaub freute Leon sich auf den Kindergarten und seine Freundinnen und Freunde. Ich war froh, dass er einen Ort außerhalb der Familie hatte, wo er auflebte – manchmal so sehr, dass er geradezu enttäuscht wirkte, wenn ich ihn früher abholte. Doch noch viel zu oft fragte er, wo denn Leni und Papa wären. Ob sie zu Hause oder im Krankenhaus wären.

Jeder Tag, an dem es Leni gut geht, wird ihm ein Stückchen mehr Sicherheit geben. Es tut mir immer wieder weh, dass wir so viel Chaos in sein Leben gebracht haben. Andererseits ist Lenis Krankheit auch seine Realität. Er wird aus der Situation wertvolle Lektionen ziehen. Er wird lernen, wie wichtig Gesundheit ist. Dass man als Familie füreinander da ist. Dass man auch mal zurückstecken muss, was aber nicht heißt, nicht unendlich geliebt zu werden. Eines Tages wird er erkennen, dass jedes Leben sich ständig wandelt und dunklere Phasen hat – Traurigkeit, Einsamkeit, Angst –, dass aber auch diese bedrückenden Momente vergehen, dass sie abgelöst werden von schönen Gefühlen, von Geborgenheit und Glück.

Ganz sicher wird die Krankheit seiner kleinen Schwester ihn noch empathischer machen. Vielleicht wird er mal Rettungssanitäter. Oder aber er muss alles erst einmal hinter sich lassen, sich befreien von den Momenten, in denen er seine Eltern wochenlang nur auf dem iPad sah und so vieles um ihn herum passierte, was er noch gar nicht fassen konnte.

Lenis Kraft aber, mit der sie die schweren ersten Monate ihres Lebens überwunden hat, wird später auch für ihn ein Vorbild sein. So wie für Markus und mich.

KAPITEL 15

AUF NACH HOLLAND

Holland ... Schon als Kind liebte ich die Urlaube in Holland über alles. Jedes Jahr im Frühling war es so weit. Dann packten wir das Auto voll und fuhren mitsamt unserem Hund nach Westen, zweieinhalb Stunden lang, von Aachen aus. Wir konnten es kaum erwarten, endlich anzukommen. Dann ging es auch gleich los, im Bollerwagen durch die Dünen ans Meer. Mein Bruder und ich tollten am Strand entlang, wichen den Wellen aus und quietschten, wenn das kalte, prickelnde Wasser unsere Füße berührte. Wir bauten Sandburgen, suchten uns Verstecke in den Dünen, wenn der Wind heftig blies, und hatten pausenlos Hunger. Poffertjes mit Puderzucker, Pommes in allen erdenklichen Variationen, Schokostreusel aufs Brot ... Abends spielten wir Kniffel und genossen die Zeit mit unserer Mutter, die das Jahr über hart dafür gearbeitet hatte, dass wir uns unseren Traum erfüllen konnten.

Als ich Markus kennenlernte, steckte ich ihn schnell an mit meinem Hollandfieber. Jahre später fuhren wir mit Leon dorthin, er war noch ein Baby. Wir tauchten seine Füßchen ins Meer, und er quietschte, so wie mein Bruder und ich es getan hatten. Am Strand ließ er den Sand durch seine kleinen Finger rieseln, und später, als er etwas älter war, aßen wir Pommes und Poffertjes und Schokostreuselbrot zu dritt.

Als ich mit Leni schwanger war, tauchte dieses Bild in mir auf, wie mein Bruder und ich so selbstvergessen am Strand gespielt hatten. Ich konnte es kaum erwarten, dass sich der Kreis schloss und unsere beiden Kinder am Saum der Wellen entlangjagten. Mit den Monaten nach Lenis Geburt verschwand dieses Bild hinter einer Wand aus Nebel. Dann, als Leni mehr und mehr in ihren Krämpfen gefangen war, glaubte ich kaum mehr daran, dass wir das noch gemeinsam erleben würden. Es waren Gedanken, die zu dunkel waren, um sie zu Ende zu denken. Und wenn ich es doch tat, dann wurde mein Herz tonnenschwer, und ich war mir sicher, nie wieder glücklich sein zu können.
Irgendwann, als die Ärzte alles auf eine Karte setzten und Lenis große Operation anstand, beschlossen Markus und ich, einen Hollandurlaub für den kommenden Juni zu buchen. Unsere Situation hatte sich so zugespitzt; Lenis OP musste einfach gut gehen, es gab keine andere Wahl mehr. Zu dem Zeitpunkt brauchten wir etwas, das uns half, in die Zukunft zu schauen, an eine Zukunft zu glauben. *Im Juni wird es uns besser gehen, da werden wir mit Leni und Leon nach Holland fahren*, sagte ich mir, als Lenis Gesicht nach der Operation ganz zugeschwollen war, als sie weinte und Schmerzen hatte. Wie viel es uns bedeutete, Monate später tatsächlich das Auto packen zu können und uns auf den Weg nach Holland zu machen, kann ich kaum beschreiben. Ich habe viel geweint in den letzten zwölf Monaten, diesmal war es vor Glück.
Hätte mir irgendjemand vor Lenis Geburt einmal gesagt, dass ein Hollandurlaub für mich das Höchste sein könnte, ich hätte mir an den Kopf gegriffen. Bora-Bora, Mauritius, Malediven. Markus und ich hatten glamouröse Urlaube gemacht, ich war mit Walen und mit Rochen in Moorea geschwommen, hatte mit Delfinen geschnorchelt,

war Fallschirm gesprungen, in Australien gesurft und hatte tausend Sonnenuntergänge am Meer genossen. Nie hätte ich gedacht, dass unsere Fahrt nach Holland mich so viel glücklicher machen könnte. Es tat so gut, nach all der Angst, dem Horror, der Hoffnung wieder einen gewohnten Urlaubsalltag zu haben. Aber es war auch die Erkenntnis, dass wir nichts anderes brauchten. Solange wir vier zusammen waren und es Leon und Leni gut ging.

In den sieben Tagen am Meer sammelten wir so viele erste Male.
Leon, der mit sandigen Füßen und einer Gießkanne in der Hand über den Strand rannte und nach der langen schrecklichen Zeit wieder befreit lachen konnte.
Leni, wie sie bei meiner Mutter auf dem Schoß mit am Tisch saß, während wir alle Vla aßen, diesen typischen halb flüssigen Pudding, der auf der Zunge zerschmilzt. Leni machte immer wieder den Mund auf, während sie uns beim Essen beobachtete. Da ließen wir sie probieren und sahen das Strahlen auf ihrem Gesicht, als sie den Vla in ihrem kleinen Mund hin und her schob. Sie staunte, lachte und riss den Mund gleich wieder auf, um Nachschub zu verlangen.
Wir hörten sie quietschen, wie Leon es getan hatte, als wir ihre Füßchen ins Wasser hielten. Und als sie am Strand lag und mit ihrer rechten Hand in den Sand griff, da sahen wir, wie intensiv sie das wahrnahm. Zum ersten Mal Sand spüren, körnig und piksend und weich zugleich. Alles in ihr war auf dieses Gefühl fokussiert. Wieder und wieder packte sie den Sand, öffnete die Hand und ließ ihn herabrieseln. Wie verzaubert lachte sie auf, und dann kam Leon dazu und tat es ihr gleich. Leon, der so empathisch ist und liebevoll, der mit jedem Tag mehr begreift, wie sie tickt. Leon, der der tollste große Bruder der Welt ist.

Als wir Leni nach unserem ersten Strandtag in den Bollerwagen legten, um uns auf den Weg zurück in unser Ferienhaus zu machen, war sie so vergnügt, dass sie sich scheckig lachte, und sie und Leon strahlten mit der Sonne um die Wette.

♡ ♡ ♡

Holland hat mir wieder einmal vor Augen geführt, dass es die kleinen Dinge sind, nach denen ich mich sehne. Normalität. Das Gefühl, fettige Pommes zu essen, Erdbeeren mit Sahne zu naschen, den Sand an den Füßen, den Wind im Haar zu spüren. Den Geruch nach Sonnencreme und Salzwasser in der Nase zu haben. Den Picknickkorb aus meiner Kindheit, die richtig hässliche grüngelbe Strandmuschel, die wir damals hatten, das kalte Nordseewasser ... das ist alles, was ich will, alles, was wir brauchen. Leon ist es sowieso egal, ob er auf Bora-Bora im Sand gräbt oder hier.

Ja, es versetzt mir manchmal einen Stich, wenn ich Kinder in Lenis Alter ihre ersten Schritte machen sehe. Wenn andere Geschwisterpaare über den Strand rennen und ihre Unbeschwertheit zu mir herüberschwappt. Dann stelle ich mir die Frage, warum Leni das nicht auch haben kann. Warum andere Familien drei, vier, fünf gesunde Kinder haben und Leni so viel aushalten musste. Es sind Fragen ohne Sinn und ohne Antwort. Manchmal spüre ich auch Wut, wenn ich sehe, wie sorglos Eltern ihre Kinder ohne Helm Fahrrad fahren lassen. Wie sie ungeduldig werden, an ihren Kindern zerren und wegen Kleinigkeiten schimpfen, als wüssten sie nicht, was für ein Privileg es ist, ein gesundes Kind zu haben. Mit Sicherheit werde ich auch mal genervt sein. Doch ich hoffe, dass ich mir dabei immer bewusst bin, welchen Wert meine Kinder für mich haben.

♡ ♡ ♡

Die intensive Familienzeit in Holland – wir alle zusammen, so losgelöst von allem, was war – gab Leni mehr als jede Therapie. Und sie war auch für Markus und mich wichtig.
Als es Abend wurde, passte meine Mutter auf Leni und Leon auf, und wir beide machten uns auf den Weg zu unserem Pizza-Date. In den Dünen fanden wir ein windgeschütztes Plätzchen ganz für uns. Es duftete nach Dünengras, nach Salz in der Luft. Im Westen ging die Sonne unter und tauchte das Meer in Postkartenfarben. Eine Weile saßen wir nur so da, ließen den Blick schweifen. Bald würde Leni ihren ersten Geburtstag feiern. Das vergangene Jahr hatte uns einiges genommen. Den Scheinglauben an eine Sicherheit, die es auf Dauer gar nicht gibt. Die Normalität, die wir gehabt hatten, mit ihrem zeitweiligen Glitter, der Freiheit, der Spontaneität. Pläne, die wir voller Vorfreude geschmiedet und die ihre Bedeutung für uns verloren hatten.
Dieses Jahr hatte uns aber auch viel gegeben. So viel mehr, als es uns genommen hatte. Es hatte uns echten Zusammenhalt geschenkt, wir zwei, unsere Eltern, unsere Familie. Es hatte auch uns beide noch viel enger zusammengeschmiedet, als ich es mir je hätte vorstellen können. In unserer größten Angst, Leni zu verlieren, und in den schlimmsten Momenten, als sie so litt, hatten wir uns wahrhaft kennengelernt. Da war nichts mehr, was wir voreinander verbargen – keine Tränen, kein Schmerz, auch kein Glück. Ich hatte spüren dürfen, welchen Halt Markus mir gab, auch wenn er selbst am Rand seiner Kraft war. Wenn Hilflosigkeit ihn tief erschütterte.
Wie Lenis Krankheit sich auf uns als Paar auswirken würde, hatten wir in vielen schlaflosen Nächten beredet. Niemand kann vorausse-

hen und kontrollieren, was in der Zukunft liegt, das war uns beiden klar. Doch man kann eine Entscheidung treffen. Füreinander. Dafür, gemeinsam etwas durchzustehen, immer zusammenzuhalten, was auch geschehen wird.

In diesem Moment, als wir da saßen, die Wellen in ihrem immer wiederkehrenden Rhythmus aufbrandeten, da fühlte sich unser Leben mehr denn je als großes Geschenk an.

JUNI 2024

Bald hat Leni ihren ersten Geburtstag. In den vergangenen Monaten gab es Momente, in denen ich kaum zu hoffen wagte, diesen Tag mit ihr zu erleben. Dass Leni sich so gut entwickelt, so viel lacht und so aufgeweckt ist, verdankt sie den Fortschritten in der Medizin und unserem Gesundheitssystem. Und einem Stück weit auch dieser unbändigen Kraft, die in ihr steckt, dieser Lebensfreude. Sie ist eine echte Kämpfernatur. Und sie hat längst eine Menge Tricks auf Lager, sich herumzurollen und an all die Spielzeuge in ihrer Umgebung zu gelangen, die ihre Neugier wecken. In solchen Momenten bin ich mir sicher, dass wir die richtige Entscheidung getroffen haben, sie derart früh operieren zu lassen. Letztlich war es Lenis einzige Chance. Vielleicht hätten ihre Medikamente noch eine ganze Zeit lang gewirkt. Doch irgendwann wäre der Punkt gekommen, an dem die Anfälle zurückgekehrt wären. Und dann? Dann hätten wir ihr alles nehmen müssen, was sie bis zu diesem Zeitpunkt gelernt, was sie durch den Medikamentennebel hindurch für sich erobert hatte …

Lenis Zukunft ist dennoch eine Gleichung mit vielen Unbekannten. Laut Statistik wird sie laufen können; wir wissen es nicht, aber wir glauben fest daran. Wir wissen auch nicht, wie ihre Fantasie, ihre Kreativität sich entfalten werden. Wie stark ihre kognitiven Fähigkeiten sein werden. Doch das menschliche Gehirn ist noch längst nicht vollständig erforscht. Anders als lange angenommen weiß man heute, dass es Schäden reparieren, Areale umstrukturieren und neue neuronale Verbindungen schaffen kann. Was das für Leni bedeutet? Die Zeit wird es uns zeigen.

Mütter neigen dazu, ihre Kinder miteinander zu vergleichen. Oft schafft das eine Menge Druck, denn nicht jedes Kind entwickelt sich dem Durchschnitt gemäß. Ich habe aufgehört, Leni mit anderen Kindern zu vergleichen. Wie würdest du dein Kind wahrnehmen, wenn es eben nicht die gesellschaftlichen Normen, Raster und Zeitpläne gäbe? Wenn du nicht wüsstest, dass es mit vier bis sieben Monaten aufrecht sitzen und mit zehn bis achtzehn Monaten laufen können sollte? Wie wäre das, wenn der Druck raus wäre, wenn die Erwartungen der Gesellschaft, was dein Kind, was du können musst, dich nicht beeinflussen würden?

Im Augenblick genießt Leni unseren Schutz. Niemand gibt ihr das Gefühl, mit ihr würde etwas nicht stimmen. Irgendwann wird das vielleicht anders sein. Dann wird sie in die Welt hinausgehen, wird Freunde haben, ihren Horizont erweitern wollen. Und wird in das System des Vergleichens hineingeraten. Inzwischen ertappe ich mich hin und wieder bei dem Gedanken, was wohl werden wird, wenn Leni eingeschult wird und die nächste inklusive Schule viele Kilometer entfernt ist. Dann rege ich mich kurz darüber auf ... bis ich realisiere, was ich gerade denke und was es bedeutet: nämlich, dass ich tatsächlich wieder an eine Zukunft glaube. Eine Zukunft, in der mein Kind aktiv am Leben teilhaben kann. Das ist so viel mehr, als ich in unseren dunklen Momenten hoffen konnte.
Dennoch liegt vieles im Argen in einer Zeit, in der das Schneller, Höher, Weiter zählt. In der man Ellenbogen braucht und oft mehr Schein als Sein herrscht. Doch es gibt auch immer mehr Menschen, die Kinder und Erwachsene mit Behinderung zuallererst als ihresgleichen sehen. Die Menschen wie Leni als Bereicherung empfin-

den. Die dankbar sind, dass sie so gekämpft und so viel so früh ausgehalten hat. So wie Markus und Leon und ich das tun.

Ohne Frage hätte ich mir für Leni ein Leben gewünscht, in dem sie gesund, unabhängig und frei ist. Doch diese Dinge sind keine Voraussetzung dafür, dass sie glücklich ist. Sie sind auch keine Voraussetzung dafür, dass wir mit ihr glücklich sind. Für uns ist Leni ein Wunder.

Liebe Leni,

happy Birthday, meine süße Maus! Was für ein Jahr. Aber du bist bei uns, und das ist alles, was zählt.
Ich höre grade „Unstoppable" von Sia, und ich frage mich, ob sie dieses Lied für dich geschrieben hat. Du hast im letzten Jahr eine Stärke bewiesen, die es mit jedem Tornado aufgenommen hat, eine Kraft, die Berge versetzt hat, und einen Mut, der keinen Raum für Angst gelassen hat.
Liebe Leni, wenn ich groß bin, möchte ich so sein wie du. Unbesiegbar, unaufhaltsam und voller Liebe für das Leben.
Heute habe ich keine Fragen mehr, wieso, weshalb und warum. Ich werde darauf niemals eine Antwort erhalten und möchte dieses Kapitel für immer schließen.
Ich möchte dir heute aber was versprechen. Meine Liebe ist dir sicher – ein Leben lang. Genauso wie meine Fürsorge, meine Zeit, mein Glaube an dich, meine Kraft und meine Hoffnung.

Du bist das größte Geschenk, das uns das Leben machen konnte. Und mit dem Wissen, dass ich am Ende meines Lebens durch dich mit ganz anderen Augen auf all die gemeinsamen Jahre zurückblicken kann, möchte ich mich bei dir bedanken. Danke für ein Jahr der Höhen und Tiefen, ein Jahr voll großer Liebe und ganz viel Angst, ein Jahr Tränen lachen und weinen. Ein Jahr verstehen, dass, wenn man gar nichts mehr hat, immer noch der Glaube, die Hoffnung und die Liebe existieren. Vor allem die Liebe zu seinem Kind, die alles schaffen kann.
Liebe Leni, ich liebe dich. Mehr als mein eigenes Leben. Hätte ich es gekonnt, dann hätte ich meins jederzeit für deins gegeben.

Deine Mama

NACHWORT

Das Leben ist schön. Mit diesem Satz möchte ich gern den Anfang meines Endes beginnen.

Ehrlicherweise muss ich gestehen, dass ich in den letzten Monaten einige Male nach diesem „Schön“ suchen musste, um es dann in Dingen, Momenten oder Situationen zu finden, die mir früher niemals aufgefallen wären. Die Schönheit des Lebens in Normalität, in Ruhe und in Dankbarkeit zu finden, ist leichter gesagt als getan, aber es ist möglich. Unser Leben ist schön. Wir können zusammen frühstücken, auf den Spielplatz fahren, unsere Eltern besuchen, gemeinsam lachen, im Garten toben und die Stadt unsicher machen.
Wir können wieder eine Familie sein. Anders als vor einem Jahr gedacht, aber wir sind zusammen.

Ich durfte im letzten Jahr viel lernen, für mich, für uns als Familie und wohl für den Rest unseres Lebens.
Rückblickend sieht alles natürlich einfacher aus, als es in dieser Situation tatsächlich war, aber ich hoffe, genau das macht Mut. Dass irgendwann auch wieder bessere Zeiten kommen und auch Zeit viele Wunden zumindest versucht zu heilen.
Dass es in Extremsituationen kein richtig oder falsch gibt. Dass jeder Gedanke gedacht oder sogar ausgesprochen werden darf, egal wie schrecklich er ist, und jede Emotion und jedes Gefühl erlaubt ist.
Dass Träume, Wünsche und Hoffnung zwingend notwendig sind, um weitermachen zu können und sich diese auch zu erlauben. „In meinen Träumen bin ich frei“ war einer meiner Leitsätze und somit war

der Wunsch, Urlaub in Holland zu machen, meine imaginäre Ziellinie in meinem Kopf.
Dass die Akzeptanz der neuen Realität viel schwieriger als gedacht ist und sich nur bruchstückhaft langsam zusammensetzt und vielleicht auch niemals ein ganzes neues Bild ergeben wird. Dass es okay ist, der alten Realität nachzutrauern und ein „Was wäre, wenn ..." ein täglicher Begleiter wird.
Dass es wichtig ist, die Perspektive zu verändern und optimistisch auf die Realität, aber auch die Zukunft zu blicken – auch wenn die Trauer manchmal überhandnimmt.
Dass man etwas vermisst, was es so nicht geben wird, dass es an manchen Tagen so wehtut, dass man es kaum aushält, und dass man manchmal das Gefühl hat, dass das Leben vorbei ist.
Diese Tage werden weniger. Die Tage, an denen der Schmerz überwiegt, machen Platz für die Tage, an denen die Schönheit des neuen Lebens sichtbar wird.

Mein Leben ist geteilt in ein Davor und ein Danach. Genauso wie ich es bin. Die Vanessa vor dem 18. Juni 2023 gibt es nicht mehr. Es gibt nur noch die Person danach. Meine Werte, meine Vorstellungen und meine Pläne haben sich verändert. Für immer.
Ich war so wütend, habe so viel geweint, so viel Verzweiflung gespürt. So viel Schmerz gefühlt, dass es für viele Leben reicht. Aber da war immer ein Gefühl, das selbst wenn mich die Dunkelheit wieder nach unten zog, seine Hand nach mir ausgestreckt hat. Es war die Liebe zu meiner Familie, besonders die zu meinen Kindern. Das Bewusstsein, dass sie für all das nichts können und es meine Verantwortung ist, stark für diese kleinen Menschen zu sein. Weil ich mich

für sie entschieden habe. Denn wenn ich es nicht für sie aushalte, wer tut es dann?
Es war diese unerschütterliche Liebe für das Leben, das immer so gut zu mir gewesen ist und es auch wieder werden würde. Die Klarheit, dass ich die Schönheit in neuen Momenten wiederfinden würde, in anderen Situationen und Dingen.
Als unser Arzt im Dezember zu uns sagte: „Sie werden in einem Jahr mit einem völlig anderen Blick auf all das hier stehen!", wurde das zu meinem Mantra. Im Januar sagte derselbe Arzt zu uns, nachdem ich fragte, wie wir so ein lebenswertes Leben führen sollen: „Wer definiert denn, was lebenswert ist?"

Was ist lebenswert? Was ist normal? Was ist richtig? Was ist glücklich? Wer entscheidet das?
Wenn ich meine Tochter genau in diesem Moment anschaue, wie sie lachend versucht, einen Würfel in seine Einzelteile zu zerlegen, erscheint sie mir ziemlich glücklich. Ziemlich lebenswert.

> *„Der Gesunde hat viele Wünsche, der Kranke nur einen."*
> Aus Indien

> *„Gesundheit ist zwar nicht alles, aber ohne Gesundheit ist alles nichts."*
> Philosoph Arthur Schopenhauer

Besonders das letzte Jahr hat mir deutlich vor Augen geführt, dass Dankbarkeit für das, was ist, und alles, was existiert, ein großer Teil unseres Lebens war. Dankbar für viele kleine Dinge, wie ein Lächeln von Leni nach einem Tag voller Krämpfe, ein Foto von Leon genau zur richtigen Zeit, eine Umarmung nach tagelanger Einsamkeit von Markus und die angebotene Hilfe von so vielen Menschen.

Im letzten Jahr habe ich gelernt, was mutig sein bedeutet. Mutig ist man nicht, wenn man Stärke lebt, sondern auch, wenn man Schwäche zeigt und nach Hilfe fragt. Für einen Menschen, der gern alles allein macht und sich auf niemanden verlassen will, ist es schwierig, Hilfe anzunehmen. Wahre Stärke zeigt sich jedoch auch darin, wenn man sich seiner Schwächen bewusst wird und diese anerkennt.
Also war ich mutig und nahm jede Hilfe, die ich bekommen konnte und die mir angeboten wurde, an. Und ich war stark, indem ich erkannte, dass mir meine Angst und mein Trauma des letztens Jahres über den Kopf wuchsen und dass mir nur jemand helfen konnte, der sich professionell damit auskennt: eine Therapeutin, mit der ich aktuell das letzte Jahr aufarbeite.

Und jetzt blicke ich auf ein Jahr zurück, das mir unglaublich viel genommen hat, aber mir mehr geschenkt hat, als ich jemals zu träumen gewagt habe. Egal, was dieses Leben noch für uns und vor allem für Leni bereithält: Am Ende bleibt die Liebe.

DANKSAGUNG

Danke an Community Editions, die mir die Möglichkeit gegeben haben, unsere Geschichte zu einem Buch zu verwandeln. Danke an Sarah Völker, die mir als Redakteurin zur Seite stand, und an Anna Sulik, die das Buch lektoriert hat.

Ein besonderer Dank geht an Angela Kuepper, die mir geholfen hat, unzählige Briefe und Tausende gesprochene Minuten aufs Blatt Papier zu bringen und diesem emotionalen Thema einen roten Faden zu verleihen.

Danke an alle Menschen, die uns in unserer schweren Zeit das Leben erleichtert haben, uns ernst genommen haben und unserer Tochter schnelle Hilfe gewährt haben. Dem Bunten Kreis Mittelrhein für die ganze Fachexpertise im Pflege-Dschungel und allen anderen Organisationen.

Ein Dankeschön an meine Mitarbeiter von Vanezia und an mein Management somefriends dafür, dass sie mir durch ihre Hilfe und ihren Support den Rücken frei gehalten haben und alles weiterlaufen konnte.

Danke an unsere Physiotherapeutin Verena Weber, die Hände aus Gold hat und mehrfach die Woche mit Leni, seit sie sechs Wochen alt ist, trainiert und ihr damit viele Meilensteine beschert hat.

Danke an den Kemperhof in Koblenz. Besonderer Dank geht an Dr. med. Thomas Hoppen und Dr. med. Thomas Nüßlein. Durch ihre professionelle und vor allem schnelle Arbeit haben wir keine Zeit verloren und Klarheit bekommen.

Danke an das gesamte Team von Bethel, insbesondere der K1 des Kinderkrankenhauses und der Station EP2a im Krankenhaus Mara. Allen Ärzten und Ärztinnen sowie jedem einzelnen Pfleger und jeder Schwester gilt mein Dank. Besonders möchte ich Pfleger Thilo Brandczyk, Pfleger Konrad Kisse und Schwester Sandra Steffen erwähnen, die unserer Tochter besonders nahestanden. Ein besonderer Dank gebührt den behandelnden Ärzten Dr. med. Beate Jensen, Dr. Susanne Axer-Schäfer und Dr. Thomas Cloppenborg für jedes ermutigende Wort, jedes gesungene Lied und jede Sekunde ihrer Zeit.

Lieber Dr. med. Thilo Kalbhenn, keine Worte der Welt reichen aus, Ihnen meinen Dank auszusprechen, dass Sie meine Tochter zweimal operiert haben. Sie schenken so vielen Menschen ein zweites Leben, und Ihre Arbeit ist ein wahres Wunder.

Lieber Dr. Tilman Polster, ich möchte Ihnen meinen größten Dank aussprechen. Danke für Ihre Zeit, auch wenn es mitten in der Nacht war, für aufbauende Worte, wenn es nichts mehr zu sagen gab, und für Ihre Menschlichkeit, die die Welt retten kann. Sie haben Ihre Berufung gefunden.

Danke an euch – meine liebe Community. Mit vielen von euch bin ich erwachsen geworden, und mit vielen habe ich auch zum ersten Mal die Rolle als Mama erlebt. Seit so vielen Jahren so eng verbunden, haben besonders die letzten Monate gezeigt, dass wahrer Rückhalt und emotionaler Support auch durch eine App entstehen können. Danke für all eure Gebete, eure Kerzen, guten Gedanken und bestärkenden Worte.

Danke an Julia und Nadine. In einem anderen Leben hätten wir uns niemals kennengelernt, aber unsere Mädchen gehen denselben Weg. Danke für so viel Offenheit, Vertrauen, Mut, Zeit und Hilfe. Ohne euch hätte ich diese Monate nicht überstanden und hätte nicht gewusst, was uns erwarten wird.

Danke an alle pflegenden Eltern, die durch ihre täglich Arbeit das Wertvollste der Welt machen.

Danke an meine Freundinnen, die in dieser Zeit an meiner Seite standen. Danke, dass ihr mit mir „ausgehalten" habt, dass ihr noch da seid und Leni genauso liebt wie all unsere anderen Kinder. Danke Ina, danke Carina, danke Juljana und an alle anderen.

Ein besonderer Dank geht an meine Freundin Laura. In den schlimmsten Momenten meines Lebens hast du an meiner Seite gestanden, als hättest du nie etwas anderes gemacht. Danke für neue Sichtweisen und jedes einzelne Wort.

Ein großer Dank geht an unsere Eltern, die in der schwersten Zeit unseres Lebens nicht von unserer Seite gewichen sind, Tag und Nacht erreichbar waren, uns mit Rat und Herz zur Seite standen und besonders Leon die Stabilität gegeben haben, die er brauchte. Ihr habt dem Wort Oma und Opa eine völlig neue Bedeutung gegeben.

Danke, Markus. In guten wie in schlechten Zeiten. Und wenn wir nichts mehr haben, dann haben wir immer noch uns. Du bist ein Superheld. Selbstlos, verantwortungsvoll und voller Liebe für deine Familie.
In jedem Leben, in jedem Universum würde ich mich immer wieder für dich entscheiden. Ich liebe dich!

Danke, Leon. Irgendwann wirst du dieses Buch lesen und wissen, dass du mir in dieser dunklen Zeit so viel Licht, Wärme und Liebe geschenkt hast. Keine Worte dieser Welt werden meiner Liebe zu dir gerecht. Du hast mir das Leben gerettet.

Liebe Leni, danke.
Dass ich deine Mama sein darf, dass du meine Tochter bist und dass es dich gibt. Durch dich durfte ich erkennen, was der wahre Sinn meines Lebens ist, und mit einem völlig anderen Blick darauf erkennen, worauf es wirklich ankommt. Du hast unsere Familie komplett gemacht, und ich verspreche dir, dass ich für den Rest meines Lebens immer an deiner Seite stehen werde.

ANHANG

Anlaufstellen

Deutsches Rotes Kreuz (DRK) e. V.
Generalsekretariat:
Carstennstraße 58
12205 Berlin
https://www.drk.de

DRK-Mittelrhein
Sozialer Service und Breitenausbildung
Kinderkrankenpflege
Schenkendorfstraße 37
56068 Koblenz
https://www.drk-mittelrhein.de/angebote/sozialer-service/kinderkrankenpflege.html

Österreichisches Rotes Kreuz
Wiedner Hauptstraße 32
1041 Wien
Notruf: 144
https://www.roteskreuz.at

Schweizerisches Rotes Kreuz
Rainmattstrasse 10
Postfach
3001 Bern
https://www.redcross.ch

Bundesverband Bunter Kreis e. V.
Kranke Kinder brauchen unsere Hilfe – überall in Deutschland
Ulmer Straße 160
86156 Augsburg
https://www.bv-bunter-kreis.de
Standortsuche: https://www.bv-bunter-kreis.de/ueber-uns-standorte/standort-suche

Bunter Kreis Rheinland e. V.
https://www.bunterkreis.de/verein

Gemeinschaftsklinikum Mittelrhein, Kemperhof
Klinik für Kinder- und Jugendmedizin
Koblenzer Straße 115–155
56073 Koblenz
Tel. 0261-499-2602
https://www.gk.de/krankenhaeuser/kemperhof-koblenz/kliniken/kinder-und-jugendmedizin

Neuropädiatrie Kemperhof – Ambulanz
Terminvereinbarung über die Telefonsprechstunde
Montag – Donnerstag 12:00–13:00 Uhr
Tel. 0261-499-1615

Epilepsie-Zentrum Bethel Krankenhaus Mara
Maraweg 21
33617 Bielefeld
Zentrale: 0521-772-77775
https://www.mara.de/universitaetsklinik-fuer-epileptologie
https://www.bethel.de/epilepsiezentrum-bethel

Anfragen und Anmeldungen Krankenhaus Mara/ Abteilung Kinderepileptologie
Tel. 0521-772-78810
Mail: epilepsie@mara.de
www.mara.de

Informationsbroschüre
https://www.mara.de/fileadmin/user_upload/Mara/Website/downloads/epilepsie-zentrum/2018-10-01-flyer-mara-kidron.pdf

---

Koblenzer Hospizverein
Geschäftsstelle:
Hohenzollernstraße 18
56068 Koblenz
https://www.hospizinkoblenz.de

Ambulantes Kinder- und Jugendhospiz
0261-579379-6

Telefonseelsorge
0800-1110111
0800-1110222
https://www.telefonseelsorge.de
Mail/Chat: https://online.telefonseelsorge.de

Instagram

Vanezia Blum:
@vanezia_blum

Julia Korbach:
@zweieinhalb.walnuesse

Nadine Schliestaedt:
@nadine.schliestaedt

Buchempfehlungen

Bien, Christian G. (Hrsg.): Prächirurgische Diagnostik und chirurgische Epilepsietherapie. Das Bethel-Praxisbuch. Kohlhammer, Stuttgart 2021

Bürger, Susanne: Wenn das Leben intensiv beginnt: Ein Elternbegleitbuch für die Zeit in der Kinderklinik. BoD 2020

QUELLEN

Abstimmungen der medizinischen Erläuterungen:
Dr. med. Tilman Polster, Universitätsklinik für Epileptologie, Leitender Arzt Kinder- und Jugendepileptologie mit pädiatrischer prächirurgischer Diagnostik

S. 40, S. 97:
Text aus dem Song „Ich halte Wache“ von Florian Künstler, erschienen auf dem Album „Gegengewicht“.
Mit freundlicher Genehmigung der Ed. Cilento / Universal Music Publishing und Rudi Schedler Musikverlag.
Instagram: @floriankunstler

S. 188:
1 Korinther 13:13, in: Die Bibel nach Martin Luthers Übersetzung, revidiert 2017, Deutsche Bibelgesellschaft, Stuttgart 2016

Weitere Quellen:
Bien, Christian G. (Hrsg.): Prächirurgische Diagnostik und chirurgische Epilepsietherapie. Das Bethel-Praxisbuch. Kohlhammer, Stuttgart 2021

Gereon Nelles (Hrsg.): Neurologische Rehabilitation. Stuttgart 2004

Helena Salamun: „SUDEP: Den plötzlichen Tod bei Epilepsie verhindern“, in: Apotheken Umschau v. 19.10.2021; https://www.apotheken-umschau.de/krankheiten-symptome/neurologische-erkrankungen/sudep-den-ploetzlichen-tod-bei-epilepsie-verhindern-822131.html [14.08.2024]

Juebi Huang: Übersicht über die Hirnfunktion, in: MSD Manuals 2023; https://www.msdmanuals.com/de-de/profi/neurologische-krankheiten/funktion-und-funktionsstörung-der-hirnlappen/übersicht-über-die-hirnfunktion [14.08.2024]

Marc H. Bornstein et al.: Neurobiology of culturally common maternal responses to infant cry, in: PNAS, 23.10.2017; https://doi.org/10.1073/pnas.1712022114 [14.08.2024]

o.V.: Kosmos im Kopf – Glossar, in: dasGehirn.info, 2024; https://www.dasgehirn.info/glossar [14.08.2024]

ÜBER DIE AUTORIN

Vanessa Lock, besser bekannt als Vanezia Blum, ist seit 2013 selbstständig und teilt auf Instagram mit über 380.000 Menschen ihr Leben mit all seinen Höhen und Tiefen. Was als persönliche Reise begann, hat sich zu einer inspirierenden Erfolgsgeschichte entwickelt. Mit Herzblut und Leidenschaft ist Vanessa nicht nur als Content Creatorin aktiv, sondern auch als erfolgreiche Unternehmerin im Online- und Einzelhandel mit ihrer eigenen Modemarke „Vanezia". In ihrer Heimatstadt Koblenz betreibt sie zwei eigene Stores.

Doch Vanessa ist mehr als nur eine Unternehmerin. Seit vielen Jahren setzt sie sich für den Tierschutz ein, insbesondere für den Verein „Save the Dogs in Kallikratia e. V.". Mit großem Engagement sammelt sie Spenden für Projekte, die ihr am Herzen liegen.

Im Jahr 2021 wird Vanessa zum ersten Mal Mutter, als ihr Sohn Leon geboren wird. Zwei Jahre später erblickt ihre Tochter Leni das Licht der Welt. Weil Leni aufgrund von Epilepsie nur noch mit einer Gehirnhälfte lebt, ist auch der Alltag der Familie geprägt von ihrem Leben mit einem behinderten Kind. Seit der Geburt ihrer Tochter nutzt Vanessa ihre Reichweite, um auf all die Herausforderungen, aber auch die wertvollen Momente im Leben einer pflegenden Mutter aufmerksam zu machen.

Um auch anderen pflegenden Eltern und deren Kindern zur Seite zu stehen, beschließen Vanessa und ihr Mann Markus 2024 den Verein „Hummelheldin" zu gründen.

IMPRESSUM

Liebe Leni, du bist ein Wunder

Druckprodukt mit finanziellem
Klimabeitrag
ClimatePartner.com/20273-2404-1023

MIX
Papier | Fördert gute Waldnutzung
FSC® C109273
www.fsc.org

1. Auflage

Weyerstraße 88-90
50676 Köln

Text: Vanessa Lock
Unter Mitarbeit von: Angela Kuepper
Layout, Design & Covergestaltung: BUCH & DESIGN Vanessa Weuffel
Satz: Katja Muggli
Projektleitung: Sarah Völker
Lektorat: Anna Sulik

Abbildungsnachweis:
Elena Peters: Coverfoto, Autorinfoto Klappe,
Pixelliebe via stock.adobe.com: Emojis

Gesetzt aus der Nobel von Font Bureau und
der Mixta Pro von Latinotype

Gesamtherstellung: Community Editions GmbH

ISBN 978-3-96096-394-3

Druck: Druk Intro, ul. Świętokrzyska 32, 88-100 Inowrocław, Polen
Printed in Poland

www.community-editions.de

Community EDITIONS